Meine besten
Eisrezepte

Meine besten Eisrezepte

Text und Fotos: Annik Wecker

Rezept siehe Seite 35

Inhalt

Endlich Eiszeit!   6

Gut zu wissen   8

Eiscreme aus Milch, Sahne und Früchten   10

Sorbet, Granita & Co.   38

Klassische und neue Eis-Desserts   56

Eisspezialitäten für festliche Einladungen   90

Ungewöhnliche Eisideen   130

Eisgetränke   160

Anhang   176

Eisarten und ihre Zubereitung   177

Wichtige Eiszutaten   180

Eis herstellen   184

Eis anrichten   185

Praxistipps für Eiskünstler   187

Register   190

Impressum   192

Endlich Eiszeit!

Kein Sommer ohne Eiscreme – in Zeiten von Lebensmittelskandalen und Diskussionen über Zusatzstoffe natürlich am besten selbst gemacht und aus besten Zutaten. Wer sein Eis selbst rührt, weiß immer ganz genau, was drin ist. Eismachen ist keine große Kunst – und der Geschmack ist unendlich viel besser als von gekaufter Supermarktware. Ich erkläre ausführlich, wie es geht – egal, ob mit oder ohne Eismaschine.

Sicher ist: Als Eismacher kann man seine Küchenkreativität ausleben und bei den Aromen aus dem Vollen schöpfen. Es ist wirklich fast alles möglich – warum nicht mal Pumpernickeleis, Wasabi-Eis oder Grüner-Apfel-Sorbet ausprobieren? Viele meiner Rezepte beschäftigen sich aber mit ganz »klassischen« Eissorten wie Vanille-, Schokoladen-, Aprikosen- oder Kirscheis. Wahre Fans genießen ihre Eisbecher natürlich nicht nur im Sommer. Vielfalt ist also wichtig, damit es nicht langweilig wird. Deswegen habe ich über 150 verschiedene Eissorten zusammengetragen. Egal, ob sahnige Eiscreme oder kühle Granita, ob frisches Fruchteis oder eiskalte Getränke – auch für die verschiedenen Eisarten, für Eisdesserts mit und ohne Gebäck sowie Tipps zum Anrichten gibt es Vorschläge.

Eisbücher erscheinen ja in der Regel, bevor der Sommer so richtig in Schwung kommt, damit die Eisfans sich rechtzeitig auf ihre Lieblingsjahreszeit vorbereiten können. Das bedeutete für mich in diesem Fall, dass ich meine Lieblingsrezepte an den heißesten Tagen des Jahres umsetzen und im Freien fotografieren musste. Puh! Da hieß es schnell zu sein, um die Leckereien in Windeseile aus dem Tiefkühler im Keller auf den Tisch im Garten zu schaffen. Und das Fotografieren selbst durfte auch nicht allzu viel Zeit in Anspruch nehmen, sonst floss das schöne Eis in süßen Bächlein dahin. Trotzdem hat mir die Arbeit unheimlich viel Spaß gemacht.

Bevor Sie sich jetzt auf die Rezepte stürzen, lesen Sie bitte zuerst die folgenden Seiten. Die Tipps und Hinweise dort helfen Ihnen beim Umsetzen. Und dann steht dem großen Eisvergnügen nichts mehr im Weg.

Viel Vergnügen wünscht Ihnen
Annik Wecker

Einfach köstlich

Gut zu wissen

Eis ist nicht gleich Eis. In diesem Buch haben wir versucht, die ganze Vielfalt der kalten Köstlichkeit einzufangen. Es gibt nicht nur zahllose Geschmacksrichtungen, sondern auch viele unterschiedliche Eisarten.

Das erste Kapitel beschäftigt sich mit Eiscremes, die immer ein Milchprodukt (meistens Milch oder Sahne) enthalten. Früchte, Schokolade oder Vanille bestimmen die Aromen. Egal, ob am Stiel oder als Eisbecher – Eiscreme ist sicher die beliebteste Eisart.
Freunde weniger kalorienreicher Genüsse können sich gleich dem zweiten Kapitel zuwenden. Sorbet, Granita und Frozen Joghurt sind fettarme Genüsse, bei denen die Fruchtaromen dominieren, die aber z. B. als Rhabarber-Erdbeer-Sorbet im Teignetz auch als leckere Süßspeise glänzen.
Die beiden folgenden Kapitel sind den Eisdesserts gewidmet. Hier finden sich immer komplette Dessertkompositionen von klassisch (z. B. Erdbeerbombe) bis modern (z. B. Schokokusseis mit Mandarinensauce). Und mit einer Käse-Sahne-Eistorte lässt sich auch bei einer großen Abendeinladung oder einem Festessen Eindruck schinden. Die verwendeten Eissorten in diesem Kapitel können natürlich auch für sich stehen und solo oder im Eisbecher serviert werden.
Manchmal muss es aber etwas Außergewöhnliches sein, ein besonderer Geschmack nach einem besonderen Menü. Deshalb gibt es für Experimentierfreudige ein Kapitel mit ungewöhnlichen Eisideen, in dem sich beispielsweise Olivenöl- und Koriandereis, Avocado-Lollis und Russisch-Brot-Eis versammelt haben. Das letzte Kapitel ist den Eisgetränken vom Aperitif über den Milchshake bis zum Eiskaffee gewidmet.

Im Anhang gibt es zahlreiche Tipps und Informationen rund um die Eispraxis. Ausführlich werden die verschiedenen Eisarten und ihre Herstellung vorgestellt. Es gibt Anleitungen zum Zusammenstellen klassischer Eisbecher (z. B. Bananensplit) und Regeln für den Umgang mit den verschiedenen Eiszutaten. Außerdem finden sich dort Informationen zur Eisherstellung mit und ohne Eismaschine (bei der Rührzeit des Eises sollten Sie bitte die Gebrauchsanleitung Ihrer Maschine beachten), Hilfestellung bei der Auswahl einer Eismaschine, eine Beschreibung notwendiger Küchengerätschaften und einige Praxisanleitungen zum Eismachen.

Zu Beginn aller Rezepte findet sich neben der zubereiteten Menge ein Hinweis auf den Zeitaufwand und den Schwierigkeitsgrad der Zubereitung, die in der Regel ja miteinander zusammenhängen:
★ schnelle Zubereitung; ★★ normale Zubereitung;
★★★ etwas aufwendigere Zubereitung.

Portionsgröße für eine normale Eisportion ist 75–100 g Eis. Bei Eisdesserts für Menüs verringert sich die Eismenge natürlich, weil das Eis dann meist mit Beigaben wie Keksen, Früchten und/oder Sahne serviert wird. Außerdem gilt: Je mehr Gänge das Menü hat, desto kleiner wird in der Regel das Dessert.

Vor dem Servieren immer daran denken, dass die Eiscreme nicht zu hart sein darf. Also rechtzeitig aus dem Tiefkühler nehmen und im Kühlschrank 30 Minuten antauen lassen. Hartes Eis lässt sich auch schlecht mit dem Eisportionierer in Form bringen.

Und jetzt: Auf ins Eisvergnügen!

Zutaten-Infobox

- Bei Zitronen, Orangen und Limetten immer Biofrüchte verwenden.
- Zitronen-, Orangen- und Limettensaft stets frisch pressen.
- Kräuter wie Basilikum oder Koriander nur frisch verwenden.
- Bei Eiern ebenfalls möglichst Bioware der Größe L verwenden.
- Die Prozentangabe bei Schokolade bezeichnet den Kakaoanteil.
- Mit Milch ist Vollmilch gemeint. Kaloriensparer können Magermilch verwenden, die jedoch den Geschmack und die Konsistenz verändert.

Eiscreme aus Milch, Sahne und Früchten

Schokoladeneis

Zubereitung: ★★ // Menge: 900 g   Foto: vorherige Seite

300 ml Milch	4 Eigelb	200 g Schokolade
300 g Sahne	70 g Zucker	(60–70% Kakao)

Milch und Sahne in einen Topf geben, aufkochen und vom Herd nehmen. Eigelbe mit Zucker in einer Metallschüssel verrühren. Die heiße Sahnemischung in dünnem Strahl unter ständigem Rühren in die Eigelbmischung rühren. Die Schüssel auf das Wasserbad stellen und die Eigelb-Sahne-Mischung zur Rose abziehen (Seite 187). Vom Wasserbad nehmen, die Schokolade zerbröseln und in der warmen Masse auflösen. Alles vollständig abkühlen lassen oder kalt schlagen (Seite 187). In der Eismaschine zu einem cremigen Eis rühren.

Tipp: Die Schokoladensorte kann nach Belieben ausgetauscht werden. Hellere Sorten sind süßer, deswegen die Zuckermenge etwas verringern. Auch aromatisierte Schokolade wie Minz- oder Kaffeeschokolade eignet sich, ebenso Nugat.

Vollmilchschokoladeneis mit rosa Pfefferbeeren: Aus 300 ml Milch, 300 g Sahne, 4 Eigelb, 60 g Zucker, 200 g Vollmilchschokolade eine Masse zubereiten wie oben beschrieben. In der Eismaschine zu einem cremigen Eis rühren und kurz vor dem Ende der Gefrierzeit 30 g rosa Pfefferbeeren dazugeben. Ergibt 950 g.

Schokoladeneis mit Stoopwaffeltja: Aus 300 ml Milch, 300 g Sahne, 4 Eigelb, 60 g Zucker, 200 g Vollmilchschokolade eine Masse zubereiten wie oben beschrieben. In der Eismaschine zu einem cremigen Eis rühren. 250 g Stoopwaffeltja in kleine Stücke schneiden und kurz vor Ende der Gefrierzeit dazugeben. Ergibt 1150 g.

Weißes Schokoladeneis mit Maltesers: Aus 300 ml Milch, 300 g Sahne, 4 Eigelb, 60 g Zucker, 200 g weißer Schokolade eine Masse zubereiten wie oben beschrieben. In der Eismaschine zu einem cremigen Eis rühren. 150 g Maltesers grob hacken und kurz vor Ende der Gefrierzeit dazugeben. Ergibt 1050 g.

Weißes Schokoladeneis mit Fruchtswirl: Aus 300 ml Milch, 300 g Sahne, 4 Eigelb, 60 g Zucker, 200 g weißer Schokolade eine Masse zubereiten wie oben beschrieben. In der Eismaschine zu einem cremigen Eis rühren. 200 g Fruchtmus (z. B. Mango, Erdbeere, Blaubeere) auf dem fertigen Eis verteilen und mit einem Löffel kurz durchrühren, sodass eine Marmorierung entsteht. Ergibt 1100 g.

Erdbeereis

Zubereitung: ★★ // Menge: 1 kg

250 ml Milch
4 Eigelb
80 g Zucker
200 g Sahne

500 g Erdbeeren
1 TL Zitronensaft
1 EL Puderzucker

Milch in einen Topf geben, aufkochen und vom Herd nehmen. Die Eigelbe mit dem Zucker in einer Metallschüssel verrühren. Die heiße Milch unter ständigem Rühren in dünnem Strahl in die Eigelbmischung gießen. Die Schüssel auf das Wasserbad stellen und die Eigelb-Milch-Mischung zur Rose abziehen (Seite 187). Vom Wasserbad nehmen, die Sahne einrühren und vollständig abkühlen lassen oder kalt schlagen (Seite 187). Die Erdbeeren von den Kelchen befreien, mit Zitronensaft und Puderzucker pürieren und durch ein Sieb streichen. Erdbeermus zur Creme geben. In der Eismaschine zu einem cremigen Eis rühren.

Erdbeereis mit Balsamicoswirl: Erdbeereis zubereiten wie oben beschrieben. Das fertige Eis in eine Schüssel geben. 25 ml guten Balsamico-Essig dazugießen und mit einem Löffel kurz umrühren, sodass eine leichte Marmorierung entsteht. Ergibt 1050 g.

Erdbeereis mit Basilikum: Erdbeereis zubereiten wie oben beschrieben. 2 Handvoll Basilikumblätter hacken und unter das fertige Eis rühren. Ergibt 1050 g.

Erdbeereis mit Apfelchips: Erdbeereis zubereiten wie oben beschrieben. 120 g Apfelchips grob zerkleinern und kurz vor Ende der Gefrierzeit in die Eismaschine geben. Ergibt 1100 g.

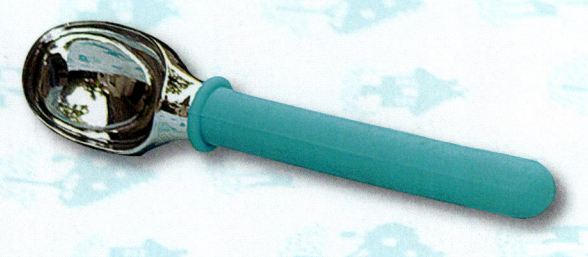

Klassisches Vanilleeis

Zubereitung: ★★ // **Menge:** 650 g

1 Vanilleschote	80 g Zucker
200 ml Milch	300 g Sahne
4 Eigelb	

Vanilleschote längs aufschlitzen und das Mark herauskratzen. Milch, Vanilleschote und -mark in einen Topf geben. Aufkochen und vom Herd nehmen, die Vanilleschote entfernen. Eigelbe mit dem Zucker in einer Metallschüssel verrühren. Die Milchmischung unter ständigem Rühren in dünnem Strahl in die Eigelbmischung gießen. Die Schüssel auf das Wasserbad stellen und die Eigelb-Milch-Mischung zur Rose abziehen (Seite 187). Vom Wasserbad nehmen, die Sahne einrühren und vollständig abkühlen lassen oder kalt schlagen (Seite 187). In der Eismaschine zu einem cremigen Eis rühren.

Express-Vanilleeis

Zubereitung: ★ // **Menge:** 650 g

300 g Sahne	1 Ei
200 ml Milch	1 Eigelb
½ TL gemahlene Vanille	80 g Zucker

Sahne, Milch und Vanille in einer Schüssel verrühren. Ei, Eigelb und den Zucker in einer zweiten Schüssel mit den Rührbesen des Handrührgeräts schaumig schlagen, bis eine helle Creme entstanden ist. Sahnemischung in die Eiermischung rühren. In die Eismaschine geben und zu einem cremigen Eis rühren.

Sahneeis mit Karamellswirl

Zubereitung: ★★ // **Menge:** 700 g
1 Auflaufform, 15 x 25 cm

Karamellsauce:
100 g Sahne
¼ TL gemahlene Vanille
1 Prise Salz
125 g Zucker
15 g Butter

Sahneeis:
1 Ei
60 g Zucker
400 g Sahne
¼ TL gemahlene Vanille

Für den Karamell die Sahne mit der Vanille und dem Salz in einen Topf geben und aufkochen. Vom Herd nehmen. Den Zucker in einem hohen Topf hellbraun karamellisieren, vom Herd nehmen und die heiße Vanillesahne dazugeben. Achtung, die Sauce wallt stark auf. Sollten sich dabei Stücke bilden, noch einmal auf den Herd stellen und rühren, bis die Sauce glatt ist. Den Topf vom Herd nehmen und die Butter in der Sauce schmelzen. Vollständig abkühlen lassen.

Für das Eis das Ei und den Zucker mit den Rührbesen des Handrührgeräts aufschlagen, bis eine helle Creme entstanden ist. Sahne mit Vanille knapp steif schlagen und unter die Eimischung heben. In der Eismaschine zu einem cremigen Eis rühren.

Den Karamell auf dem Boden der Auflaufform verteilen. Das Eis daraufgeben und mit einem Teigspatel oder Löffel verrühren, sodass eine Karamellmarmorierung entsteht. Sofort servieren oder im Tiefkühler aufbewahren.

Tipp: Man kann dieses schnelle und einfache Sahneeis auch mit anderen Swirls aufpeppen, z. B. mit Konfitüre oder Nutella. Ebenso kann man gehackte Kekse, Schokoladenstückchen, gehackte Trockenfrüchte oder frische Beeren kurz vor Ende der Gefrierzeit unter das Eis mischen.

Rum-Rosinen-Eis im Schälchen

Zubereitung: ★★★ // **Menge:** 1000 g Eis
12 Schälchen / 1 Muffinform mit 12 Mulden

160 ml Rum
160 g Rosinen
Butter für die Form
1 Lage Strudelteig (100 g)
40 g Butter, zerlassen
Puderzucker zum Bestäuben

1 Vanilleschote
350 ml Milch
4 Eigelb
80 g Zucker
200 g Sahne

Rum und Rosinen in einen Topf geben und langsam erwärmen, aber nicht kochen lassen. Den Topf vom Herd nehmen und abgedeckt über Nacht ziehen lassen. Die Rosinen saugen die meiste Flüssigkeit auf.

Für die Strudelteigschälchen den Backofen auf 175 °C Ober-/Unterhitze vorheizen. Die Muffinform ausbuttern. Den Strudelteig auf der Arbeitsfläche ausbreiten und in 24 Quadrate à 11 cm Seitenlänge schneiden. Die Hälfte der Strudelteigquadrate mit der zerlassenen Butter bepinseln und mit Puderzucker bestäuben. Jeweils 1 Strudel-teigquadrat darauflegen, ebenfalls mit Butter bepinseln und mit Puderzucker be-stäuben. Teigquadrate in die Mulden der Muffinform legen und am Rand andrücken. Auf mittlerer Schiene 8–10 Minuten goldbraun backen, herausnehmen und abkühlen lassen. Erst dann aus der Form lösen.

Für das Eis das Mark aus der Vanilleschote kratzen. Die Milch mit Vanilleschote und -mark in einen Topf geben und aufkochen. Vom Herd nehmen, die Vanilleschote entfernen. Eigelbe mit Zucker in einer Metallschüssel verrühren. Vanillemilch unter ständigem Rühren in dünnem Strahl in die Eigelbmischung gießen. Die Schüssel auf das Wasserbad stellen und die Eigelb-Vanille-Mischung zur Rose abziehen (Seite 187). Vom Wasserbad nehmen und die Sahne einrühren. Vollständig abkühlen lassen oder kalt schlagen (Seite 187).

Die eingeweichten Rosinen abtropfen lassen und die Flüssigkeit zu der Masse geben. In der Eismaschine zu einem cremigen Eis rühren, die Rosinen kurz vor Schluss der Gefrierzeit dazugeben. Zum Servieren Nocken oder Kugeln abstechen und in den Strudelteigschälchen anrichten.

Espressoeis

Zubereitung: ★★ // **Menge: 750 g**

300 ml Milch
2 TL Instant-Espresso
4 Eigelb

75 g Zucker
300 g Sahne
Schokokaffeebohnen

Die Milch in einen Topf geben, aufkochen, vom Herd nehmen und das Espressopulver darin auflösen. Eigelbe mit Zucker in einer Metallschüssel verrühren. Die Espressomilch unter ständigem Rühren in dünnem Strahl in die Eigelbmischung gießen. Die Schüssel auf das Wasserbad stellen und die Espresso-Eigelb-Mischung zur Rose abziehen (Seite 187). Vom Wasserbad nehmen und die Sahne einrühren. Abkühlen lassen oder kalt schlagen (Seite 187). In der Eismaschine zu einem cremigen Eis rühren. Zum Servieren Kugeln abstechen und mit Schokokaffeebohnen dekorieren.

Pistazieneis: 80 g gehackte Pistazien in einer beschichteten Pfanne anrösten. 350 ml Milch mit den Pistazien in einen Topf geben, aufkochen und 10 Minuten köcheln lassen. Durch ein Sieb gießen und die Pistazien gut ausdrücken. Dann wie oben 4 Eigelbe mit 80 g Zucker in einer Metallschüssel verrühren. Die heiße Pistazienmilch in die Eigelbmischung gießen, über dem Wasserbad zur Rose abziehen (Seite 187). 300 g Sahne einrühren. Abkühlen lassen oder kalt schlagen (Seite 187). In der Eismaschine zu einem cremigen Eis rühren. Zum Servieren mit gehackten Pistazien bestreuen. Ergibt 600 g.

Nugateis: 300 ml Milch und 300 g Sahne in einen Topf geben, aufkochen und vom Herd nehmen. 4 Eigelbe mit 50 g Zucker in einer Metallschüssel verrühren. Die heiße Sahnemischung in dünnem Strahl unter ständigem Rühren in die Eigelbmischung rühren. Die Schüssel auf das Wasserbad stellen und die Eigelb-Sahne-Mischung zur Rose abziehen (Seite 187). Vom Wasserbad nehmen, 200 g Nugat zerbröckeln und in der warmen Masse auflösen. Abkühlen lassen oder kalt schlagen (Seite 187). In der Eismaschine zu einem cremigen Eis rühren. Zum Servieren nach Belieben mit Nugatstückchen dekorieren. Ergibt 900 g.

Holunder-Erdbeer-Eis

Zubereitung: ★ // **Menge: 850 g**

200 g Sahne
250 g griechischer Joghurt
  (10% Fett)
200 ml Holunderblütensirup

2 EL Zitronensaft
250 g Erdbeeren
2 EL Zucker
Holunderblüten (nach Belieben)

Sahne halb steif schlagen. Joghurt mit Sirup und Zitronensaft glatt rühren. Sahne unterheben. Holundermasse in die Eismaschine geben und zu einem cremigen Eis rühren. 200 g Erdbeeren mit Zucker pürieren. Erdbeermus kurz vor dem Ende der Gefrierzeit dazugeben. Zum Servieren nach Belieben in ein Glas mit frischen Holunderblüten spritzen oder löffeln. Mit den restlichen Erdbeeren dekorieren.

Holunderblütensirup: In einem großen Topf 1 l Wasser aufkochen, 1 kg Zucker und 25 g Zitronensäure darin auflösen. Den Topf vom Herd nehmen. 2 Zitronen heiß abwaschen und in dünne Scheiben schneiden. 25 frische Holunderblüten gründlich ausschütteln. Zitronenscheiben und Holunderblüten in ein großes Einmachglas oder eine Suppenterrine schichten. Den Zitronensirup darübergießen. Das Gefäß verschließen. Sirup bei Zimmertemperatur 3 Tage ziehen lassen. Zweimal täglich umrühren. Nach 3 Tagen Holunderblütensirup durch ein feines Sieb oder ein Mulltuch in einen Topf abgießen und die Flüssigkeit aufkochen. Topf vom Herd nehmen und den heißen Sirup in saubere Flaschen oder Einmachgläser mit Schraubverschluss füllen. Fest verschließen. Ergibt 1 l. Kühl und dunkel gelagert, hält der Sirup mindestens 1 Jahr.

Aprikosen-Joghurt-Eis mit Kardamom

Zubereitung: ★ // **Menge: 1250 g**

600 g Aprikosen
200 g Zucker
4 grüne Kardamomkapseln

80 ml Orangensaft
400 g griechischer Joghurt
(10 % Fett)

Aprikosen vierteln, dabei den Kern entfernen. 500 g Aprikosenspalten zusammen mit dem Zucker, 200 ml Wasser, den Kardamomkapseln und dem Orangensaft in einen Topf geben. Aufkochen und bei geschlossenem Deckel etwa 8 Minuten köcheln lassen, bis die Aprikosen weich sind. Den Topf vom Herd nehmen, alles abkühlen lassen. Die Kardamomkapseln entfernen und die Masse pürieren. Den Joghurt unterrühren. In der Eismaschine zu einem cremigen Eis rühren. Zum Servieren mit den restlichen Aprikosenspalten dekorieren.

Frisch und trotzdem cremig – auch die leichte Kardamomnote gefällt mir.

Piña-Colada-Eis am Stiel

ohne Eismaschine

Zubereitung: ★ // Menge: 16 Stück / etwa 600 g Eis
16 kleine Joghurtbecher (etwa 100 ml) / 16 Eisstiele

250 ml Ananassaft
80 g Zucker
100 g Ananasfruchtfleisch
100 g Sahne

250 g Kokoscreme
30 ml Kokoslikör
(z. B. Batida de Coco)

Ananassaft mit Zucker in einen Topf geben und aufkochen. Dabei rühren, damit der Zucker sich auflöst. Sirup vom Herd nehmen. 50 ml abmessen und mit dem Ananasfruchtfleisch pürieren. Restlichen Sirup mit Sahne, Kokoscreme und Kokoslikör vermischen. Beide Mischungen vollständig abkühlen lassen oder kalt schlagen (Seite 187).

Die Ananasmischung auf die Joghurtbecher verteilen und im Tiefkühler vollständig fest werden lassen. Anschließend die Kokosmischung darauf verteilen, die Becher mit Alufolie abdecken und die Eisstiele in die Becher stecken. Im Tiefkühler vollständig gefrieren lassen. Zum Servieren die Becher in heißes Wasser tauchen und das Eis herauslösen.

Vanilleparfait

ohne Eismaschine

Zubereitung: ★★★ // **Menge:** 750 g
1 Terrinenform, 24 x 8 cm

1 Vanilleschote	100 g Zucker
2 Eier	1 Prise Salz
200 ml Milch	300 g Sahne
100 g weiße Schokolade	

Mark aus der Vanilleschote kratzen. Eier trennen. Milch mit Vanilleschote und –mark in einen Topf geben, aufkochen, vom Herd nehmen und die Schote entfernen. Die Schokolade in Stücke brechen, in eine Schüssel geben und mit der heißen Vanille-milch übergießen. Umrühren, bis die Schokolade geschmolzen ist. Eine Kasten- oder Terrinenform mit Frischhaltefolie auslegen. Eigelbe mit der Hälfte des Zuckers über dem Wasserbad aufschlagen, bis eine helle Creme entstanden ist. Vom Wasserbad nehmen, Schokoladenmilch einrühren und kalt schlagen (Seite 187). Eiweiße mit Salz steif schlagen, dabei den restlichen Zucker einrieseln lassen. Sahne steif schlagen, mit dem Eischnee unter die Schokoladencreme heben und in die Form füllen. Über Nacht im Tiefkühler fest werden lassen. Zum Servieren in Scheiben schneiden.

Beerenparfait

ohne Eismaschine

Zubereitung: ★★★ // **Menge:** 750 g
1 Terrinenform, 24 x 8 cm

300 g gemischte Beeren	2 Eier
1 EL Zitronensaft	120 g Zucker
1 EL Puderzucker	300 g Sahne

Beeren mit Zitronensaft, Puderzucker und 2 EL Wasser pürieren und dann durch ein Sieb streichen. Eier trennen. Eigelbe mit der Hälfte des Zuckers über dem Wasser-bad aufschlagen. Beerenmus einrühren und alles kalt schlagen. Eiweiße mit Salz steif schlagen, dabei den restlichen Zucker einrieseln lassen. Sahne steif schlagen. Ei-schnee und Sahne unter die Beerenmasse heben. Terrinenform mit Frischhaltefolie auslegen und die Masse einfüllen. Über Nacht im Tiefkühler fest werden lassen.

Sesameis mit Krokant

Zubereitung: ★★ // **Menge:** 900 g

250 ml Milch
100 g Sesam
4 Eigelb
70 g Honig
30 g Zucker
70 g Sesammus (Tahin)
200 g Sahne
100 g Sesamkrokant-Riegel

Milch mit Sesam in einen Topf geben, aufkochen und 2 Minuten kochen lassen. Vom Herd nehmen und durch ein Sieb gießen. Eigelbe mit Honig und Zucker in einer Metallschüssel verrühren. Die Sesammilch unter ständigem Rühren in dünnem Strahl zur Eigelbmischung gießen. Die Schüssel auf das Wasserbad stellen und die Eigelb-Sesam-Mischung zur Rose abziehen (Seite 187). Vom Wasserbad nehmen, das Sesammus und die Sahne einrühren. Die Masse vollständig abkühlen lassen oder kalt schlagen (Seite 187). In der Eismaschine zu einem cremigen Eis rühren. Sesamriegel in der Küchenmaschine fein oder grob zermahlen. Kurz vor Ende der Gefrierzeit die Krokantstücke zum Eis geben.

Eierliköreis

Zubereitung: ★★ // **Menge: 650 g**

250 ml Milch
3 Eigelb
60 g Zucker
200 g Sahne
100 ml Eierlikör

Milch in einen Topf geben, aufkochen und vom Herd nehmen. Eigelbe mit Zucker in einer Metallschüssel verrühren. Heiße Milch unter ständigem Rühren in dünnem Strahl in die Eigelbmischung gießen. Die Schüssel auf das Wasserbad stellen und die Eigelb-Milch-Mischung zur Rose abziehen (Seite 187). Vom Wasserbad nehmen, die Sahne und den Eierlikör einrühren. Abkühlen lassen oder kalt schlagen (Seite 187). In der Eismaschine zu einem cremigen Eis rühren.

Himbeerleicht

Himbeer-Quark-Eis

Zubereitung: ★ // Menge: 1100 g

175 g Zucker	1 EL Zitronensaft
abgeriebene Schale von ½ Zitrone	1 TL Puderzucker
450 g Himbeeren	500 g Magerquark

150 ml Wasser, Zucker und Zitronenschale in einen Topf geben. Aufkochen, dabei ab und zu umrühren, damit sich der Zucker auflöst. Vom Herd nehmen, den Sirup abkühlen lassen und durchsieben, um die Zitronenschale zu entfernen. Die Himbeeren mit 2 EL Wasser, Zitronensaft und Puderzucker pürieren und durch ein Sieb streichen. Sirup, Himbeerpüree und Quark verrühren. In der Eismaschine zu einem cremigen Eis rühren.

Joghurteis mit Blaubeeren

Zubereitung: ★★ // Menge: 1 kg
1 Auflaufform, 18 x 28 cm   Foto: Seite 4

2 Eier	400 g Joghurt
150 g Zucker	200 g Sahne
4 EL Zitronensaft	150 g Blaubeeren
1 Prise Salz	1 EL Cassis-Likör

Auflaufform in den Tiefkühler stellen. Eier mit 120 g Zucker, 3 EL Zitronensaft und Salz 5 Minuten mit den Rührstäben des Handrührgeräts schaumig schlagen. Joghurt und Sahne unterrühren. In die Eismaschine geben und zu einem cremigen Eis rühren.

Blaubeeren, restlichen Zucker (30 g), restlichen Zitronensaft (1 EL), Cassis und 30 ml Wasser im Mixer pürieren. Fertiges Eis in die vorgekühlte Auflaufform geben und das Blaubeermus darauf verteilen. Mit einer Gabel kurz durch beide Schichten ziehen, sodass eine Marmorierung entsteht. Die Form bis zum Servieren in den Tiefkühler stellen.

Schmeckt genauso raffiniert wie Mahablanka,
der philippinische Kokospudding.

Mahablanka-Eis

Zubereitung: ★★ // **Menge: 700 g**

1 Dose gezuckerte Kondensmilch (390 g)
200 g Kokosmilch

1 Vanilleschote
4 Eigelb

Kondensmilch und Kokosmilch mit der Vanilleschote in einen Topf geben und aufkochen, dabei ständig rühren, da die Kondensmilch leicht anbrennt. Vom Herd nehmen und die Vanilleschote entfernen. Eigelbe in einer Metallschüssel verrühren. Die heiße Kokosmilch unter ständigem Rühren in dünnem Strahl zum Eigelb gießen. Die Schüssel auf das Wasserbad stellen und die Eigelb-Kokos-Mischung zur Rose abziehen (Seite 187). Vom Wasserbad nehmen und abkühlen lassen oder kalt schlagen (Seite 187). In der Eismaschine zu einem cremigen Eis rühren.

Tipp: Wird das Eis in einer ausgehöhlten, halben Kokosnussschale serviert, ist das Dessert ein besonderer Hingucker. Schnitze vom Kokosnussfleisch machen sich dann gut als Dekoration.

Sorbet,

Granita & Co.

Frozen Yogurt

Zubereitung: ★ // **Menge: 800 g**   Foto: vorherige Seite

1 kg Joghurt (1,5 % Fett)   120 g Zucker
4 Eiweiß   ¼ TL gemahlene Vanille
1 Prise Salz

Joghurt in ein mit Küchenpapier ausgelegtes Sieb geben und mindestens 6 Stunden, am besten über Nacht, gut abtropfen lassen. Der Joghurt sollte danach die Konsistenz von festem Quark oder Frischkäse haben.

Die Eiweiße mit dem Salz steif schlagen, dabei den Zucker einrieseln lassen. Eischnee und Vanille unter den abgetropften Joghurt heben. In der Eismaschine zu Eis rühren. Kurz vor Ende der Gefrierzeit mit weiteren Zutaten nach Geschmack verfeinern (siehe unten).

Frozen Yogurt mit Oreos: Kurz vor dem Ende der Gefrierzeit 150 g grob gehackte Oreos in die Eismaschine geben. Ergibt 950 g Eis.

Frozen Yogurt mit Daim: Kurz vor dem Ende der Gefrierzeit 100 g grob gehackte Daimriegel in die Eismaschine geben. Ergibt 900 g Eis.

Frozen Yogurt mit Fruchtgeschmack: 200 g Konfitüre erwärmen, durch ein Sieb streichen und in die Joghurtmasse geben. Dann in die Eismaschine geben. Oder die Konfitüre auf dem fertig gerührten Eis verteilen und mit dem Löffel unterrühren, sodass eine Marmorierung entsteht. Ergibt 1000 g Eis.

Frozen Yogurt mit Schokogeschmack: 30 ml Milch erwärmen, 3 EL Instant-Kakaopulver darin auflösen, abkühlen lassen und unter die Joghurtmasse rühren. Ergibt 850 g Eis.

Frozen Yogurt mit Sahne: 200 g Sahne mit 120 g Zucker steif schlagen, ¼ TL gemahlene Vanille unterrühren. Mit 500 g griechischem Joghurt vermengen und in die Eismaschine geben. Ergibt 800 g Eis.

Granatapfelsorbet auf Tapiokaperlen

Zubereitung: ★★ // Menge: 600 g Sorbet / 600 g Tapioka-Kokos-Masse

90 g Zucker
abgeriebene Schale von 1 Zitrone
500 ml Granatapfelsaft
1 EL Zitronensaft

2 EL Grenadine-Sirup
100 g kleine Tapiokaperlen
180 g Kokosmilch
Kerne von ½ Granatapfel

100 ml Wasser, 70 g Zucker und die Zitronenschale in einen Topf geben und aufkochen. Dabei rühren, damit der Zucker sich auflöst. Vom Herd nehmen, vollständig abkühlen lassen. Durch ein Sieb gießen, Granatapfelsaft, Zitronensaft und Grenadine unterrühren. In der Eismaschine zu einem cremigen Sorbet rühren und in den Tiefkühler stellen.

Reichlich Wasser in einem Topf sprudelnd aufkochen. Tapiokaperlen dazugeben, erneut aufkochen, die Hitze reduzieren und 20–25 Minuten garen. Bei den Perlen sollte innen noch ein weißer Punkt zu sehen sein. Durch ein Sieb abgießen und mit reichlich kaltem Wasser abspülen. Kokosmilch und restlichen Zucker (20 g) vermischen und die Perlen unterrühren. Alles vollständig abkühlen lassen. Zum Servieren die Tapiokaperlen in ein Glas geben und 1 Kugel Eis daraufsetzen. Mit Granatapfelkernen bestreuen.

Schokoladensorbet

Zubereitung: ★ // **Menge: 600 g**

140 g Zucker
1 Vanilleschote

40 g Kakao
150 g Schokolade (70% Kakao)

400 ml Wasser, Zucker und Vanilleschote in einen Topf geben und aufkochen. Dabei rühren, damit der Zucker sich auflöst. Kakao dazugeben und alles 5 Minuten köcheln lassen. Den Topf vom Herd nehmen und die Vanilleschote entfernen. Die Schokolade in kleine Stücke brechen, in eine Schüssel geben und mit der heißen Kakaomasse übergießen. 3 Minuten ruhen lassen und dann umrühren, bis die Schokolade geschmolzen ist. Die Masse vollständig abkühlen lassen. In der Eismaschine zu einem cremigen Sorbet rühren.

Haselnusssorbet

Zubereitung: ★★ // **Menge: 450 g**

150 g Zucker
300 g gemahlene Haselnüsse

1 Prise Salz

750 ml Wasser und den Zucker in einen Topf geben und aufkochen. Dabei rühren, damit der Zucker sich auflöst. Nüsse und Salz dazugeben und 30 Minuten bei geringer Hitze köcheln lassen. Vom Herd nehmen und die Masse im Mixer pürieren. Alles durch ein feines Sieb streichen. Die Nussmasse gut ausdrücken. Die Masse vollständig abkühlen lassen. In der Eismaschine zu einem cremigen Sorbet rühren.

Blue-Curaçao-Granita

Zubereitung: ★ // **Menge: 550 g**
1 Auflaufform, 20 x 25 cm

200 ml Ananassaft
200 ml Grapefruitsaft
20 ml Zitronensaft

100 g Zucker
40 ml Blue Curaçao
20 ml Gin

Ananas-, Grapefruit- und Zitronensaft mit dem Zucker in einen Topf geben und aufkochen. Dabei rühren, damit der Zucker sich auflöst. Vom Herd nehmen und abkühlen lassen. Curaçao und Gin einrühren. In die Auflaufform füllen und etwa 1 Stunde in den Tiefkühler stellen. Dann die Eiskristalle mit einer Gabel lockern und alles durchrühren. Wieder in den Tiefkühler stellen und den Vorgang alle 30 Minuten wiederholen, bis die ganze Flüssigkeit kristallisiert ist.

Latte-macchiato-Granita

Zubereitung: ★ // **Menge: 550 g**
1 Auflaufform, 20 x 25 cm

50 g Zucker
120 ml Espresso

400 ml Milch
Milchschaum

Den Zucker im warmen Espresso auflösen. Die Milch einrühren. In eine Auflaufform füllen und etwa 1 Stunde in den Tiefkühler stellen. Dann die Eiskristalle mit einer Gabel lockern und alles durchrühren. Wieder in den Tiefkühler stellen und den Vorgang alle 30 Minuten wiederholen, bis die ganze Flüssigkeit kristallisiert ist. Zum Servieren mit etwas Milchschaum krönen.

Orangen-Basilikum-Granita

Zubereitung: ★ // **Menge: 1 kg**
1 Auflaufform, 20 x 25 cm

175 g Zucker
abgeriebene Schale von 3 Orangen
abgeriebene Schale von 1 Zitrone
500 ml Orangensaft
15 g Basilikumblätter
1 EL Grand Marnier

Zucker, 450 ml Wasser, Orangen- und Zitronenschale in einem Topf
aufkochen. Vom Herd nehmen, Sirup abkühlen lassen. Durch ein Sieb
schütten, um die Schalen zu entfernen. Orangensaft, Basilikum und Grand
Marnier mit dem Stabmixer pürieren, mit dem Sirup vermischen. Alles in
eine Auflaufform füllen und etwa 1 Stunde in den Tiefkühler stellen. Dann
die Eiskristalle mit einer Gabel lockern und alles durchrühren. Wieder in
den Tiefkühler stellen und den Vorgang alle 30 Minuten wiederholen, bis
die ganze Flüssigkeit kristallisiert ist.

Waldblaubeersorbet mit weißer Schokolade

Zubereitung: ★ // Menge: 800 g   Foto: Seite 7

110 g Zucker
abgeriebene Schale von 1 Zitrone
400 g Waldblaubeeren

1 TL Zitronensaft
100 g weiße Schokolade

200 ml Wasser, 100 g Zucker und Zitronenschale in einen Topf geben und aufkochen. Dabei rühren, damit der Zucker sich auflöst. Vom Herd nehmen und abkühlen lassen. Durch ein Sieb abgießen, um die Schalen zu entfernen. Blaubeeren, restlichen Zucker (1 TL) und Zitronensaft mit dem Stabmixer pürieren. Durch ein feines Sieb streichen. Blaubeerpüree mit Sirup verrühren, in der Eismaschine zu einem Sorbet rühren. Die Schokolade hacken und kurz vor Ende der Gefrierzeit dazugeben.

Johannisbeersorbet

Zubereitung: ★ // Menge: 650 g   Foto: Seite 7

130 g Zucker
abgeriebene Schale von 1 Zitrone
100 g gemahlene Mandeln
500 g Johannisbeeren

1 EL Cassis-Likör
2 Eiweiß
1 Prise Salz

200 ml Wasser, 100 g Zucker und Zitronenschale in einem Topf aufkochen. Dabei rühren, damit der Zucker sich auflöst. Vom Herd nehmen, Sirup abkühlen lassen. Mandeln in einer Pfanne ohne Fett goldbraun rösten, abkühlen lassen. Johannisbeeren mit 10 g Zucker (1 TL) und 2 EL Wasser in einen Topf geben, aufkochen und 5 Minuten köcheln lassen. Durch ein Sieb streichen, mit dem abgekühlten Sirup und dem Cassis verrühren. Eiweiße mit dem Salz steif schlagen, dabei restlichen Zucker (1 EL) einrieseln lassen. Unter die Johannisbeermasse heben. In der Eismaschine zu einem Sorbet rühren. Mandeln kurz vor Ende der Gefrierzeit dazugeben.

Melonensorbet mit Minze

Zubereitung: ★ // **Menge: 750 g**

100 g Zucker
3 EL gehackte Minze

1 Galia-Melone

Zucker, 200 ml Wasser und Minze in einem Topf aufkochen. Dabei rühren, damit der Zucker sich auflöst. Vom Herd nehmen, abkühlen lassen. Melone halbieren, Kerne herauslöffeln. In einem Sieb abtropfen lassen, Saft aufheben. Fruchtfleisch herauslöffeln. 500 g Fruchtfleisch und abgetropften Saft pürieren. Zum Minzesirup geben. In der Eismaschine zu einem cremigen Sorbet rühren. In eine Melonenhälfte füllen und in den Tiefkühler legen.

Tipp: Galia-Melonen geben dem Eis einen schönen, frischen Geschmack. Geeignet für Melonensorbet sind auch Cantaloup- und Honigmelonen.

Leche merengada

Zubereitung: ★ // **Menge: 600 g**

Foto: Seite 7

500 ml Milch
100 g Zucker
abgeriebene Schale von 1 Zitrone

¼ TL gemahlener Zimt
2 Eiweiß
1 Prise Salz

Milch mit der Hälfte des Zuckers (50 g), Zitronenschale und Zimt in einem Topf aufkochen. Dabei rühren, damit der Zucker sich auflöst. Vom Herd nehmen, vollständig abkühlen lassen. Eiweiße mit 1 Prise Salz steif schlagen, dabei den restlichen Zucker (50 g) einrieseln lassen. Milchmischung unter den Eischnee rühren. In der Eismaschine zu einem cremigen Eis rühren.

Rhabarber-Erdbeer-Sorbet

Zubereitung: ★★★ // **Menge:** 10 Crêpes / 900 g Eis

Rhabarber-Erdbeer-Sorbet:
400 g Rhabarber
200 g Erdbeeren
220 g Zucker
1 EL Zitronensaft
1 Vanilleschote
1 Zimtstange
1 Sternanis
2 cm Ingwerwurzel

Crêpeteig:
160 g Mehl
10 g Zucker
¼ TL Salz
1 Ei
175 ml Milch
15 g Butter, zerlassen
Butter für die Pfanne
Puderzucker zum Bestäuben

Für das Sorbet den Rhabarber in 1 cm breite Stücke schneiden, Erdbeeren von den Kelchen befreien und halbieren. Zusammen mit den restlichen Zutaten und 300 ml Wasser in einen Topf geben und aufkochen. Etwa 5 Minuten kochen lassen, bis der Rhabarber zerfällt. Vom Herd nehmen, abkühlen lassen, die Gewürze entfernen und im Mixer oder mit dem Stabmixer pürieren. In der Eismaschine zu einem Sorbet rühren.

Für den Crêpeteig das Mehl in eine Schüssel sieben, Zucker und Salz unterrühren und eine Mulde in die Mitte drücken. Das Ei und ein bisschen Milch dazugeben und alles mit dem Schneebesen kurz verrühren, bis der Teig glatt ist. Die restliche Milch und die zerlassene Butter einrühren.

Butter in einer Pfanne erhitzen. Den Teig mit einem Esslöffel in der Pfanne so verteilen, dass nicht der ganze Boden der Pfanne bedeckt ist, sondern ein löchriges Netz entsteht. Bei mittlerer Hitze so lange braten, bis der Teig nicht mehr flüssig ist. Wer es schafft, das Teignetz zu wenden, kann das tun. Es ist aber nicht unbedingt notwendig. Mit dem Rest des Teigs genauso verfahren. Zum Servieren je 1 Crêpenetz auf einen Dessertteller legen. 2–3 Kugeln Eis auf eine Hälfte geben und den Crêpe zuklappen. Mit Puderzucker bestäuben und servieren.

Zitronensorbet mit Mohn

Zubereitung: ★ // **Menge: etwa 600 g**

70 g Zucker
80 g Honig
abgeriebene Schale von 1 Zitrone

170 ml Zitronensaft
50 g gemahlener Mohn
leere, halbe Zitronenschalen

200 ml Wasser, Zucker, Honig und Zitronenschale in einen Topf geben und aufkochen. Dabei rühren, damit der Zucker sich auflöst. Vom Herd nehmen und vollständig abkühlen lassen. Durch ein Sieb gießen, um die Schale zu entfernen. Zitronensaft, 200 ml Wasser und Mohn einrühren. In der Eismaschine zu einem Sorbet rühren. Zum Servieren Zitronenschalen-hälften mit einem Löffel aushöhlen, die vom Auspressen übrig geblieben sind, und das Eis hineinfüllen.

Orangensorbet mit Cranberrys

Zubereitung: ★★ // **Menge: 750 g**

100 g Zucker
abgeriebene Schale von 2 Orangen
abgeriebene Schale von 1 Zitrone
4 große Orangen

Orangensaft
2 EL Grand Marnier
50 g getrocknete Cranberrys

200 ml Wasser mit Zucker, Orangen- und Zitronenschale in einen Topf geben und langsam zum Kochen bringen. Vom Herd nehmen und den Sirup vollständig abkühlen lassen. Durch ein Sieb schütten. Orangen halbieren und aushöhlen. Herauslaufenden Saft in einer Schüssel auffangen. Orangenschalen beiseitelegen. Fruchtfleisch im Mixer pürieren und durch ein Sieb zum aufgefangenen Saft streichen. 400 ml Saft abmessen (mit Orangensaft aufgießen) und zum abgekühlten Sirup geben. Grand Marnier unterrühren. In der Eismaschine zu einem Sorbet rühren. Cranberrys fein hacken und kurz vor dem Ende der Gefrierzeit dazugeben. Das Sorbet in die Orangenschalen füllen.

Kirsch-Bananen-Sorbet

Zubereitung: ★ // **Menge: 500 g**

300 ml Kirschsaft
80 g Zucker
1 Vanilleschote

2 reife Bananen
2 EL Zitronensaft

Kirschsaft mit Zucker und Vanille in einen Topf geben und aufkochen.
Dabei rühren, damit sich der Zucker auflöst. Topf vom Herd nehmen und
den Sirup abkühlen lassen. Vanilleschote entfernen. Bananen mit dem
Zitronensaft pürieren und Kirschsirup einrühren. In der Eismaschine zu
einem Sorbet rühren.

Aprikosensorbet mit Rosmarin

Zubereitung: ★ // **Menge: 700 g**

500 g Aprikosen
140 g Zucker
20 ml Zitronensaft

2 Zweige Rosmarin
1 Vanilleschote
1 Prise Salz

Aprikosen halbieren und entsteinen. Zusammen mit den restlichen Zutaten und 200 ml Wasser in einen Topf geben und aufkochen. Dabei rühren, damit der Zucker sich auflöst. 5 Minuten kochen lassen, bis die Aprikosen weich sind. Topf vom Herd nehmen, alles abkühlen lassen. Vanilleschote und Rosmarin entfernen. Eismasse pürieren. In der Eismaschine zu einem Sorbet rühren.

Brombeersorbet

Zubereitung: ★★ // **Menge: 500 g**

500 g Brombeeren
100 g Zucker
1 TL Zitronensaft

1 Eiweiß
1 Prise Salz

Brombeeren mit 1 EL Zucker, 2 EL Wasser und Zitronensaft pürieren und durch ein Sieb streichen. 100 ml Wasser und restlichen Zucker (80 g) in einen Topf geben und aufkochen. Dabei rühren, damit der Zucker sich auflöst. In 3 Minuten zu Sirup kochen, vom Herd nehmen. Eiweiß mit Salz etwas steif schlagen. Mit den Rührstäben des Handrührgeräts auf höchster Stufe 5 Minuten weiterschlagen, dabei den heißen Sirup dazugießen. Anschließend 5 Minuten bei geringer Geschwindigkeit schlagen, bis der Eischnee Zimmertemperatur hat. Eischnee unter das Brombeermus heben. In der Eismaschine zu einem Sorbet rühren.

Gurken-Granita

Zubereitung: ★ // **Menge: 600 g**
1 Auflaufform, 25 x 20 cm

60 g Zucker
3 EL Zitronensaft
500 g Gurke

8 Stängel Dill
¼ TL Salz

60 ml Wasser, Zucker und Zitronensaft in einen Topf geben und langsam aufkochen, ab und zu umrühren. Vom Herd nehmen, abkühlen lassen. Gurken, Dill und Salz mit dem Stabmixer fein pürieren und in den abgekühlten Sirup rühren. Alles in eine Auflaufform füllen und etwa 1 Stunde in den Tiefkühler stellen. Dann die Eiskristalle mit einer Gabel lockern und alles kurz durchrühren. Wieder in den Tiefkühler stellen und den Vorgang alle 30 Minuten und etwa viermal wiederholen, bis die ganze Flüssigkeit kristallisiert ist.

Papaya-Buttermilch-Granita

Zubereitung: ★ // **Menge: 1 kg**
1 Auflaufform, 25 x 20 cm

50 g Zucker
50 g Honig
500 g Papayafruchtfleisch

1 EL Limettensaft
2 EL Puderzucker
300 ml Buttermilch

200 ml Wasser mit Zucker und Honig in einen Topf geben und aufkochen. Dabei rühren, damit der Zucker sich auflöst. Vom Herd nehmen und abkühlen lassen. Papayafruchtfleisch mit Limettensaft, Puderzucker und Buttermilch pürieren. Zum abgekühlten Sirup geben. Alles in eine flache Auflaufform füllen und etwa 1 Stunde in den Tiefkühler stellen. Dann die Eiskristalle mit einer Gabel lockern und alles kurz durchrühren. Wieder in den Tiefkühler stellen und den Vorgang alle 30 Minuten wiederholen, bis die ganze Flüssigkeit kristallisiert ist.

Schwarze-Johannisbeer-Granita mit Rotwein

ohne Eismaschine

Zubereitung: ★ // Menge: 700 g
1 Auflaufform, 25 x 20 cm

400 ml Schwarze-
   Johannisbeere-Saft
150 ml Rotwein
80 g Zucker
1 Vanilleschote

1 Zimtstange
abgeriebene Schale
   von ½ Orange
100 ml Cassis-Likör

Johannisbeersaft, Rotwein, Zucker, Vanilleschote, Zimtstange und
Orangenschale in einen Topf geben und aufkochen. Dabei rühren, damit
der Zucker sich auflöst. 1 Minute kochen lassen. Vom Herd nehmen und
abkühlen lassen. Durch ein Sieb abgießen, um die Gewürze zu entfernen.
Cassis unterrühren. Alles in eine flache Auflaufform füllen und etwa
1 Stunde in den Tiefkühler stellen. Dann die Eiskristalle mit einer Gabel
lockern und alles kurz durchrühren. Wieder in den Tiefkühler stellen und
den Vorgang alle 30 Minuten wiederholen, bis die ganze Flüssigkeit
kristallisiert ist.

Klassische und neue Eis-Desserts

Marzipaneis mit Rotweinbirnen

Zubereitung: ★★★ // Menge: für 6–8 Personen / 650 g Eis

Rotweinbirnen:
5 feste Birnen
1 Vanilleschote
1 EL Puderzucker
350 ml Rotwein
250 ml Johannisbeersaft
100 g Zucker
1 Zimtstange
1 Scheibe Ingwerwurzel

abgeriebene Schale von ½ Orange
1 EL Speisestärke
50 ml Cassis-Likör
Marzipaneis:
200 g Marzipan
250 g Sahne
250 ml Milch
4 Eigelb
20 g Honig

Für die Rotweinbirnen Birnen schälen und das Kerngehäuse ausstechen. Vanilleschote aufschlitzen. Einen Topf auf dem Herd erhitzen, Puderzucker hineinsieben und hellbraun karamellisieren. Mit Rotwein ablöschen. Johannisbeersaft, Zucker, Vanilleschote, Zimtstange, Ingwer und Orangenschale dazugeben und alles aufkochen. Birnen in den Sud legen und etwa 10 Minuten kurz unter dem Siedepunkt ziehen lassen. Birnen herausnehmen und in eine tiefe Schüssel oder ein Glas legen. Sud noch einmal aufkochen. Speisestärke mit etwas kaltem Wasser glatt rühren und dazugeben. Erneut aufkochen, bis der Sud etwas eindickt. Vom Herd nehmen und den Cassis einrühren. Flüssigkeit durch ein Sieb über die Birnen gießen. Sollten die Birnen nicht vollständig vom Sud bedeckt sein, mit Backpapier oder Küchenpapier abdecken, damit sie eine gleichmäßige Färbung bekommen. Am besten über Nacht ziehen lassen.

Für das Marzipaneis das Marzipan reiben oder in sehr kleine Stücke schneiden. Zusammen mit der Sahne und der Milch in einen Topf geben und aufkochen. Dabei rühren, damit sich das Marzipan auflöst. Vom Herd nehmen. Eigelb und Honig in einer Metallschüssel verquirlen. Heiße Marzipanmilch in dünnem Strahl unter Rühren in die Eigelbmischung gießen. Die Schüssel auf das Wasserbad stellen und die Eigelb-Marzipan-Masse zur Rose abziehen (Seite 187). Vom Wasserbad nehmen und vollständig abkühlen lassen oder kalt schlagen (Seite 187). In der Eismaschine zu einem cremigen Eis rühren. Zum Servieren die Birnen aus dem Sud nehmen, nach Belieben in Spalten schneiden und auf Desserttellern verteilen. Je 1–2 Kugeln Eis dazugeben.

Gebackene Pfirsiche mit Amarettoeis

Zubereitung: ★★★ // **Menge:** für 8 Personen/ 700 g Eis
1 Auflaufform, 25 × 20 cm

1 Portion Vanilleeis (klassisch oder schnell, Seite 17)	1 Zimtstange
	4 vollreife Pfirsiche
100 g Amarettini	40 g Butter
1 Vanilleschote	60 ml Weißwein
	1 EL Zucker

Vanilleeis wie auf Seite 17 beschrieben herstellen. Amarettini in einem Gefrierbeutel mit dem Nudelholz zerbröseln. Kurz vor Ende der Gefrierzeit die Amarettinibrösel dazugeben, ein paar für die Dekoration aufheben. Eis bis zum Anrichten in den Tiefkühler stellen.

Backofen auf 180 °C Ober-/Unterhitze vorheizen. Vanilleschote und Zimtstange in die Auflaufform legen. Die Pfirsiche halbieren und dabei den Kern entfernen. In die Auflaufform legen (Schnittfläche nach oben), in die Mitte jeweils 1 Butterflöckchen setzen, mit dem Weißwein beträufeln und dem Zucker bestreuen. Auf mittlerer Schiene 25 Minuten backen. Herausnehmen, die Pfirsiche auf Teller verteilen und auf jede Hälfte 1 Kugel Eis setzen, mit den restlichen Bröseln bestreuen. Sofort servieren.

Hochgestapelt

Erdnussbuttereis-Sandwich

Zubereitung: ★★★ // **Menge:** 8 Stück / 16 Kekse / 600 g Eis
2–3 Backbleche

Walnusskekse:
50 g Walnusskerne
120 g weiche Butter
60 g Zucker
60 g brauner Zucker
¼ TL gemahlene Vanille
1 Ei
150 g Mehl
¼ TL Natron
¼ TL Salz
120 g Schokoladentropfen

Erdnussbuttereis:
200 ml Milch
200 g Sahne
3 Eigelb
60 g Zucker
120 g Erdnussbutter

Für die Kekse Walnusskerne auf ein mit Backpapier ausgelegtes Back-blech geben und bei 175 °C Ober-/Unterhitze 10 Minuten rösten. Heraus-nehmen und hacken. Butter mit beiden Zuckersorten und Vanille mit den Rührbesen des Handrührgeräts schaumig schlagen. Das Ei gut einrühren. Mehl, Natron und Salz über den Teig sieben und unterrühren. Schokola-dentropfen und gehackte Walnusskerne unterheben. Teig 1 Stunde in den Kühlschrank stellen.

Den Backofen auf 180 °C Ober-/Unterhitze vorheizen. Backbleche mit Backpapier auslegen. Aus dem Teig 16 Kugeln formen und mit Abstand auf das Backpapier legen. Kugeln flach drücken, sodass die Kekse unge-fähr einen Durchmesser von 8 cm haben. Kekse nacheinander auf mittle-rer Schiene 12 Minuten backen. Herausnehmen und auf einem Kuchengit-ter abkühlen lassen.

Für das Eis Milch und Sahne in einen Topf geben, aufkochen und vom Herd nehmen. Eigelbe mit dem Zucker in einer Metallschüssel verrühren. Die Sahnemischung unter ständigem Rühren in dünnem Strahl dazu-gießen. Die Schüssel auf das Wasserbad stellen und die Eigelb-Sahne-Mischung zur Rose abziehen (Seite 187). Anschließend die Erdnussbutter zufügen und alles glatt rühren. Abkühlen lassen oder kalt schlagen (Seite 187). In der Eismaschine zu einem cremigen Eis rühren. Auf jeden Keks 2–3 EL Eis geben und glatt streichen, einen zweiten Keks darauf-setzen und etwas andrücken.

Frischkäse-Johannisbeer-Eis im Windbeutel

Zubereitung: ★★★ // **Menge:** 12–16 Windbeutel / 750 g Eis
1 Backblech / 1 Spritzbeutel mit Sterntülle

200 g Johannisbeeren + mehr für
  die Dekoration
120 g Zucker
abgeriebene Schale von 1 Zitrone
40 ml Zitronensaft
200 g Doppelrahm-Frischkäse

100 g Sahne
100 g Sauerrahm
50 g Butter
Salz
125 g Mehl, gesiebt
3 Eier

Für das Eis Johannisbeeren, Zucker, 50 ml Wasser, Zitronenschale und
-saft in einen Topf geben und aufkochen. Dabei rühren, damit der Zucker
sich auflöst. 5 Minuten kochen lassen, vom Herd nehmen, durch ein Sieb
streichen. Das Johannisbeermus in einer Schüssel mit Frischkäse, Sahne
und Sauerrahm verrühren. Vollständig abkühlen lassen oder kalt schlagen
(Seite 187). In der Eismaschine zu einem cremigen Eis rühren.

Für den Brandteig 125 ml Wasser, Butter und 1 Prise Salz in einen Topf
geben, aufkochen. Das gesiebte Mehl auf einmal dazuschütten, dabei mit
einem Kochlöffel oder Teigspatel rühren. Sobald sich die Masse als Kloß
vom Topfboden löst, vom Herd nehmen und etwas abkühlen lassen, der
Teig muss aber noch warm sein. Eier mit einem Teigspatel einzeln einarbeiten. Der fertige Teig sollte glänzen und weich vom Kochlöffel fallen.

Den Backofen auf 220 °C Ober-/Unterhitze vorheizen. Ein feuerfestes
Schälchen mit Wasser in den Backofen stellen. Ein Backblech mit Back-
papier auslegen. Den Teig in einen Spritzbeutel füllen und 12–16 kleine
Röschen (3 cm Ø) auf das Backpapier spritzen. Abstand lassen, weil die
Windbeutel stark aufgehen. Auf mittlerer Schiene 20 Minuten backen.
Herausnehmen und auskühlen lassen.

Zum Servieren die Windbeutel mit einem Wellenschliffmesser quer
durchschneiden und jeweils 1 Kugel Eis auf den Boden setzen. Den Deckel
auf das Eis legen. Nach Belieben mit frischen Johannisbeeren dekorieren.

Safraneis im Brioche

Zubereitung: ★★★ // Menge: 12 Brioches / 650 g Eis
1 Muffinblech oder 12 Briocheformen

Brioches:
15 g Hefe
250 g Mehl
50 g Zucker
4 Eier
Salz
150 g weiche Butter

Butter für die Form
Safraneis:
½ TL Safranfäden
80 g Zucker
250 g Mascarpone
300 ml Milch
4 Eigelb

Für die Brioches Hefe in 2–3 EL lauwarmem Wasser auflösen. Mehl in eine Schüssel geben. Zucker, 3 Eier und 1 TL Salz dazugeben. 5 Minuten mit den Knethaken des Handrührgeräts zu einem geschmeidigen Teig kneten. Butter dazugeben und mit den Händen weiterkneten, bis sie eingearbeitet ist. Den Teig 1 Stunde zugedeckt an einem warmen Ort gehen lassen. Kurz durchkneten und noch einmal 1 Stunde gehen lassen.

Backofen auf 180 °C Ober-/Unterhitze vorheizen. Muffinblech (oder Briocheformen) gut ausbuttern und den Teig einfüllen. In der Form noch einmal 20 Minuten gehen lassen. Das restliche Ei mit 1 Prise Salz verquirlen und die Brioches damit bestreichen. Auf mittlerer Schiene 20 Minuten backen, herausnehmen und abkühlen lassen.

Für das Eis den Safran mit 1 TL Zucker im Mörser zerstoßen. Mascarpone mit 2 EL Milch glatt rühren. Die restliche Milch mit dem zerstoßenen Safran aufkochen. Eigelbe mit dem restlichen Zucker in einer Metallschüssel verrühren. Heiße Safranmilch in dünnem Strahl unter ständigem Rühren in die Eigelbmischung gießen. Die Schüssel auf das Wasserbad stellen und die Eigelbmilch zur Rose abziehen (Seite 187). Vom Wasserbad nehmen, den Mascarpone einrühren. Vollständig abkühlen lassen oder kalt schlagen (Seite 187). In der Eismaschine zu einem cremigen Eis rühren. Zum Servieren von jeder Brioche den Deckel abschneiden. Brioches mit je 1 Kugel Eis füllen und den Deckel wieder aufsetzen.

Crème-brûlée-Eis

Zubereitung: ★★ // **Menge:** für 4–6 Personen / 700 g Eis
4–6 flache Dessertschälchen, 10 cm Ø

1 Vanilleschote
6 Eigelb
3–4 EL Zucker

500 g Sahne
80 g brauner Zucker

Die Vanilleschote aufschlitzen und das Mark herauskratzen. Eigelbe und Zucker in einer Metallschüssel verrühren. Sahne, Vanilleschote und -mark dazugeben. Schüssel über das Wasserbad setzen und Eigelbmischung zur Rose abziehen (Seite 187). Vom Wasserbad nehmen und die Vanilleschote entfernen. Abkühlen lassen oder kalt schlagen (Seite 187). In der Eismaschine zu einem cremigen Eis rühren.

Auf 4–6 flache Dessertschälchen verteilen und in den Tiefkühler stellen. Kurz vor dem Servieren jede Portion mit Rohrzucker bestreuen und mit dem Bunsen- oder Crème-brûlée-Brenner karamellisieren.

Tipp: Man kann das Eis mit der Karamellschicht einfrieren. Aber durch das Karamellisieren taut das Eis etwas an, was sehr gut schmeckt.

Heißkalt

Warme Marzipanravioli mit Zwetschgeneis

Zubereitung: ★★★ // **Menge:** 12 Marzipanravioli / 300 g Eis
1 Backblech

150 g Zwetschgen	100 g Sahne
3 cm Zimtstange	Puderzucker zum Ausrollen
50 g Zucker	400 g Marzipan

Zwetschgen halbieren und entsteinen. Mit 25 ml Wasser, Zimtstange und Zucker in einen Topf geben und aufkochen. Dabei rühren, damit der Zucker sich auflöst. 5 Minuten kochen lassen, bis die Zwetschgen weich sind. Topf vom Herd nehmen und alles vollständig abkühlen lassen. Zimtstange entfernen und Zwetschgen pürieren. Sahne unterrühren. In der Eismaschine zu einem cremigen Eis rühren.

Die Arbeitsfläche mit etwas Puderzucker bestreuen. Das Marzipan 5 mm dick ausrollen. 12 Kreise von etwa 12 cm Ø ausstechen (Keksausstecher, Tasse oder Glas). Auf jeden Marzipankreis 1 TL Eis setzen. Marzipan über dem Eis zuklappen. Mit den Fingern den Rand wellenförmig andrücken. Die Marzipanravioli aufrecht auf eine Platte setzen und in den Tiefkühler stellen.

Kurz vor dem Servieren den Backofen auf die heißeste Stufe (Grillfunktion/Oberhitze) vorheizen. Die Ravioli auf ein mit Backpapier belegtes Blech stellen und grillen, bis der obere Rand leicht bräunt. Das dauert bei meinem Ofen 1–2 Minuten. Herausnehmen und sofort servieren.

Tipp: Das Zwetschgeneis schmeckt natürlich auch ohne Marzipanumhüllung köstlich. Dazu jedoch die Mengen besser verdoppeln, sonst langt es kaum für vier Personen.

Zimteis mit Karamelläpfeln

Zubereitung: ★★★ // **Menge:** 4 Personen / 600 g Eis

Zimteis:
250 ml Milch
2 TL gemahlener Zimt
1 Prise Salz
4 Eigelb
70 g Zucker
250 g Mascarpone

Karamelläpfel:
4 Äpfel
1 EL Zitronensaft
100 g Zucker
80 g Butter
½ TL gemahlener Zimt
Zimtstangen zum Dekorieren

Für das Eis Milch, Zimt und Salz in einen Topf geben. Unter Rühren aufkochen und vom Herd nehmen. Eigelbe und Zucker in einer Metallschüssel verrühren. Die heiße Milchmischung unter ständigem Rühren in dünnem Strahl in die Eigelbmischung gießen. Die Schüssel auf das Wasserbad stellen und die Eigelb-Milch-Mischung zur Rose abziehen (Seite 187). Mascarpone einrühren. Abkühlen lassen oder kalt schlagen (Seite 187). In der Eismaschine zu einem cremigen Eis rühren.

Für die Karamelläpfel die Äpfel schälen, entkernen und in Spalten schneiden. Mit Zitronensaft mischen, damit sie nicht braun werden. Zucker, Butter und Zimt in der Pfanne schmelzen, die Äpfel dazugeben und 5 Minuten unter Rühren dünsten. Apfelspalten auf Dessertteller verteilen und jeweils 1 Kugel Eis daraufsetzen, mit einer Zimtstange dekorieren und sofort servieren.

Eton-Mess-Eisbecher

Zubereitung: ★ // Menge: für 4–6 Personen / 550 g Eis

100 ml Milch
400 g Sahne
50 g Zucker
1 Vanilleschote

200 g Erdbeeren
1 EL Puderzucker
1 TL Zitronensaft
100 g Baiser

Für das Sahneeis Milch, Sahne, Zucker und Vanilleschote in einen Topf geben und aufkochen. Dabei umrühren, damit sich der Zucker auflöst. Vom Herd nehmen und abkühlen lassen. Vanilleschote entfernen. (Zum Wiederverwenden heiß abspülen.) In der Eismaschine zu einem cremigen Eis rühren.

Erdbeeren waschen, von den Kelchen befreien. Erdbeeren, Puderzucker und Zitronensaft mit dem Stabmixer pürieren, dann durch ein Sieb streichen. Baiser in einen Gefrierbeutel geben und grob zerbröseln. Baiserbrösel unter die fertige Eiscreme heben und alles auf Gläser verteilen. Die Erdbeersauce darübergeben und sofort servieren.

Wer Gäste hat, kann natürlich die Gläser mit dem Baisereis in den Tiefkühler stellen und die Sauce erst vor dem Servieren dazugeben.

Mandeleis mit Florentinern

Zubereitung: ★★★ // **Menge:** etwa 70 Kekse / 700 g Eis
1 Backblech

Florentiner:	2 EL Mehl
40 g Honig	**Mandeleis:**
70 g Sahne	80 g gehackte Mandeln
70 g Butter	400 ml Milch
70 g Zucker	1 Vanilleschote
¼ TL gemahlene Vanille	4 Eigelb
1 Prise Salz	70 g Zucker
250 g gehobelte Mandeln	200 g Sahne

Für die Florentiner den Backofen auf 180 °C Ober-/Unterhitze vorheizen. Backblech mit Backpapier auslegen. Honig, Sahne, Butter, Zucker, Vanille und Salz in einen Topf geben und unter Rühren aufkochen. Etwa 5 Minuten bei mittlerer Hitze einkochen, bis sich die Masse leicht bräunlich verfärbt. Mandeln und Mehl mischen. Die Temperatur auf ein Minimum reduzieren und die Mehl-Mandel-Mischung einrühren. Die Masse rasch auf das Backpapier streichen. Auf mittlerer Schiene etwa 12 Minuten backen. Aus dem Ofen nehmen, sofort mit einer Lage Backpapier abdecken und mit einem Nudelholz glatt rollen. Die noch warme Florentinerplatte in 3 x 3 cm große Quadrate schneiden.

Für das Eis die gehackten Mandeln in einer Pfanne ohne Fett goldbraun rösten. Milch mit Mandeln und Vanilleschote aufkochen und 5 Minuten köcheln lassen. Vom Herd nehmen, durch ein Sieb gießen und die Mandeln gut ausdrücken. Eigelbe mit Zucker in einer Metallschüssel verrühren. Heiße Mandelmilch in dünnem Strahl unter ständigem Rühren in die Eigelbmischung gießen. Die Schüssel auf das Wasserbad stellen und die Eigelb-Mandel-Milch zur Rose abziehen (Seite 187). Vom Wasserbad nehmen und die Sahne zugeben. Abkühlen lassen oder kalt schlagen (Seite 187). In der Eismaschine zu einem cremigen Eis rühren. Zum Servieren mit den Florentinern anrichten.

Florentiner-Eis: Mandeleis zubereiten wie oben beschrieben. 25 Florentiner (120 g) in der Küchenmaschine zermahlen und kurz vor Ende der Gefrierzeit zum Eis geben.

Schokokusseis mit Mandarinensauce

Zubereitung: ★ // **Menge:** 600 g Eis

Mandarinensauce:
2 kleine Dosen Mandarinen
  (à 175 g)
2 TL Speisestärke
1 Vanilleschote
1 Prise Salz

Schokokusseis:
6 Schokoküsse
40 g Puderzucker
2 EL Zitronensaft
100 g Sauerrahm
100 g Magerquark
250 g Sahne

Mandarinen in einem Sieb gut abtropfen lassen und den Saft auffangen. Speisestärke mit 3 EL Saft glatt rühren. Restlichen Saft mit der Vanilleschote und dem Salz in einen Topf geben und aufkochen. Speisestärke einrühren und noch ein paarmal aufwallen lassen. Den Topf vom Herd nehmen, die Vanilleschote entfernen, ein paar Mandarinenfilets beiseitelegen und den Rest unterrühren. Abkühlen lassen.

Für das Eis von den Schokoküssen die Böden abschneiden und anderweitig verwenden oder sofort aufessen. Schokokuss-masse, Puderzucker, Zitronensaft, Sauerrahm und Quark mit einem Teigspatel vermengen, dann die Sahne dazugeben und unterrühren.

In der Eismaschine zu einem cremigen Eis rühren. In Schälchen anrichten, mit den restlichen Mandarinenfilets dekorieren und mit der Sauce servieren.

Das ist eines meines absoluten Lieblingseisdesserts!

Kulfi auf Engelshaar

Zubereitung: ★★ // **Menge: für 6 Personen**
6 Kulfi- oder Dessertformen, 6 cm Ø; 1 Muffinblech mit 12 Mulden

1,5 l Milch
3 Kardamomsamen
200 g Zucker
100 g gehackte Pistazienkerne
Butter für die Form

200 g Kataifi-Teig (Engelshaar)
180 g Butter, zerlassen
1 TL Zitronensaft
15 ml Orangenblütenwasser

Milch in einen Topf geben, aufkochen und 1 Stunde sanft kochen lassen. Die Kardamomsamen dazugeben und weitere 30 Minuten köcheln, bis die Milch auf etwa 500 ml eingekocht ist. Vom Herd nehmen und 50 g Zucker einrühren. Vollständig abkühlen lassen und durch ein Sieb gießen, um die Haut zu entfernen. In der Eismaschine zu einem cremigen Eis rühren. Kurz vor Ende der Gefrierzeit die Hälfte der gehackten Pistazienkerne (50 g) dazugeben. Eis in Kulfi- oder Dessertformen füllen und im Tiefkühler vollständig gefrieren lassen.

Für das Engelshaarbett den Backofen auf 190 °C Ober-/Unterhitze vorheizen. Muffinblech ausbuttern. Teig in 12 Teile teilen und fest in die Mulden des Muffinblechs drücken. Die zerlassene Butter über den Teig in den Mulden gießen. Auf mittlerer Schiene in 15–20 Minuten goldbraun backen.

Während der Backzeit den Sirup kochen. Dafür den restlichen Zucker (150 g), den Zitronensaft und 100 ml Wasser in einen Topf geben und bei geringer Hitze langsam erwärmen. Dabei rühren, damit der Zucker sich auflöst. 2 Minuten köcheln lassen, dann das Orangenblütenwasser zugeben und weitere 2 Minuten köcheln lassen. Den Sirup vom Herd nehmen.

Das fertige Backwerk aus den Mulden lösen und auf Küchenpapier entfetten. Auf ein Kuchengitter setzen und darunter einen Teller stellen. Den warmen Sirup über dem Engelshaar verteilen. Den heruntergetropften Sirup erneut über den Küchlein verteilen, bis er vollständig vom Gebäck aufgesogen ist. Zum Servieren die Formen aus dem Tiefkühler nehmen, kurz in heißes Wasser tauchen und das Eis stürzen. 2 Gebäckstücke auf jeden Teller legen, je 1 Kulfi dazugeben. Mit den restlichen Pistazien dekorieren.

Honigeis in Beerensuppe

Zubereitung: ★★ // **Menge:** für 6 Personen / 600 g Eis

Beerensuppe:
1 kg gemischte Beeren
160 ml Orangensaft
160 g Zucker
2 TL Honig
2 EL Zitronensaft
2 Vanilleschoten
2 Scheiben Ingwerwurzel

200 ml Champagner,
   Sekt oder Prosecco
Honigeis:
300 ml Milch
¼ TL gemahlene Vanille
4 Eigelb
75 g Honig
250 g Crème fraîche

Für die Suppe die Beeren verlesen und 200 g als Einlage beiseitelegen. Die restlichen Beeren mit Orangensaft, Zucker, Honig, Zitronensaft, Vanilleschoten und Ingwer in einen Topf geben und aufkochen. Dabei umrühren, damit sich der Zucker auflöst. 5 Minuten kochen lassen. Vom Herd nehmen. Vanille und Ingwer entfernen. Die Masse pürieren und durch ein Sieb streichen. Champagner, Sekt oder Prosecco dazugießen, vollständig abkühlen lassen.

Für das Eis Milch mit Vanille aufkochen und vom Herd nehmen. Eigelbe mit Honig in einer Metallschüssel verrühren. Vanillemilch in dünnem Strahl unter ständigem Rühren in die Eigelbmischung gießen. Die Schüssel auf das Wasserbad stellen und die Eigelbmilch zur Rose abziehen (Seite 187). Vom Wasserbad nehmen und die Crème fraîche einrühren. Abkühlen lassen oder kalt schlagen (Seite 187). In der Eismaschine zu einem cremigen Eis rühren.

Zum Servieren die Suppe auf Teller verteilen und die beiseitegestellten Beeren hineinstreuen. Je 1 Kugel Eis in die Suppe geben.

Die säuerliche Suppe mit dem süßen Eis vermischt – einfach himmlisch!

Kirscheis auf Kardamom-waffeln

Zubereitung: ★★ // **Menge: 10 Waffeln / 750 g Eis**
1 Waffeleisen

Kirscheis:
350 g Kirschen, entsteint
100 g Zucker
1 EL Zitronensaft
250 g Mascarpone
100 g Sahne
1 Prise Salz
Kardamomwaffeln:
2 EL schwarze Kardamomsamen

300 ml Milch
180 g weiche Butter
200 g Zucker
½ TL gemahlene Vanille
4 Eier
400 g Mehl
1 gestrichener EL Back-
  pulver
¼ TL Salz

Für das Eis Kirschen, Zucker, Zitronensaft und 50 ml Wasser in einen Topf geben und aufkochen. 5 Minuten kochen lassen, vom Herd nehmen, pürieren und alles durch ein Sieb streichen. Mascarpone, Sahne und Salz verrühren und in das Kirschmus rühren. Vollständig abkühlen lassen oder kalt schlagen (Seite 187). In der Eismaschine zu einem cremigen Eis rühren.

Für die Waffeln die Kardamomsamen mit der Milch in einen Topf geben, aufkochen, vom Herd nehmen und abkühlen lassen. Durch ein Sieb gießen, um den Kardamom zu entfernen. Die Butter mit den Rührbesen des Handrührgeräts auf höchster Stufe schaumig schlagen. Zucker und Vanille dazugeben und weiterschlagen. Eier einzeln unterrühren, jedes Ei etwa 30 Sekunden. Mehl, Backpulver und Salz in eine Schüssel sieben und abwechselnd mit der Kardamommilch in den Teig rühren.

Den Teig portionsweise im heißen Waffeleisen in 3–4 Minuten goldbraun backen. Die Waffeln auf Teller legen und das Kirscheis dazu servieren.

Tipp: Wer keinen Kardamom mag, lässt ihn einfach weg. Sollte der Waffelteig zu fest oder zu flüssig sein, etwas Milch oder Mehl dazugeben.

Bananeneis auf Brownies

Zubereitung: ★★★ // Menge: für 12 Personen / 950 g Eis
1 Backform, 20 x 25 cm, oder 1 Backrahmen

Brownies:
180 g Butter
250 g Schokolade (70% Kakao)
4 Eier
180 g Zucker
200 g Mehl
½ TL Backpulver
¼ TL Salz
150 g Schokolade (60% Kakao)
Bananeneis:
400 ml Milch
1 Vanilleschote

4 Eigelb
30 g brauner Zucker
4 reife Bananen (520 g Fruchtfleisch)
1 TL Zitronensaft
Karamellsauce:
200 g Sahne
¼ TL gemahlene Vanille
1 Prise Salz
250 g Zucker
30 g Butter
Bananenscheiben von 1 Banane

Für die Brownies den Backofen auf 175 °C Ober-/Unterhitze vorheizen. Butter und
Schokolade im Wasserbad schmelzen und abkühlen lassen. Eier und Zucker mit dem
Schneebesen verrühren und die Schoko-Butter-Mischung einrühren. Mehl, Backpul-
ver und Salz über den Teig sieben und kurz verrühren, bis ein glatter Teig entsteht.
Schokolade hacken und unterheben. Teig in der Form oder im Backrahmen verteilen.
Auf mittlerer Schiene 30–40 Minuten backen. Auskühlen lassen, in Stücke schneiden.

Für das Eis Milch mit Vanilleschote in einen Topf geben, aufkochen. Vom Herd
nehmen, Vanilleschote entfernen. Eigelbe mit Zucker in einer Metallschüssel verrühren. Vanillemilch in dünnem Strahl unter ständigem Rühren in die Eigelbmischung
gießen. Die Schüssel auf das Wasserbad stellen und die Eigelbmilch zur Rose abziehen (Seite 187). Vom Wasserbad nehmen. Bananen schälen, mit dem Zitronensaft
pürieren und unter die Eiercreme rühren. Vollständig abkühlen lassen oder kalt
schlagen (Seite 187). In der Eismaschine zu einem cremigen Eis rühren.

Für die Sauce die Sahne mit der Vanille und dem Salz in einen Topf geben und
aufkochen. Vom Herd nehmen. Den Zucker hellbraun karamellisieren, vom Herd
nehmen und die heiße Vanillesahne dazugeben. Achtung, die Sauce wallt stark auf.
Vom Herd nehmen und die Butter in der Sauce schmelzen. Zum Servieren je
1 Brownie mit 1 Kugel Eis auf Tellern anrichten, mit Bananenscheiben und je 1 TL
Sauce verzieren.

Ich liebe Blaubeeren in Kombination mit Zimt.

Blaubeereis auf Zimtbrot

Zubereitung: ★★ // **Menge: für 8 Personen / 650 g Eis**

Blaubeereis:
200 g Sahne
2 Eigelb
70 g Zucker
350 g Blaubeeren
30 ml Zitronensaft
Zimtbrot:
100 ml Milch
1 EL Sahne

¼ TL gemahlene Vanille
1 Prise Salz
1 Ei
1 Eigelb
2 TL gemahlener Zimt
8 Scheiben Toastbrot
etwas Butter
60 g Zucker

Für das Eis die Sahne in einen Topf geben, aufkochen und vom Herd nehmen. Eigelbe und 50 g Zucker in einer Metallschüssel verrühren. Sahne in einem stetigen Strahl unter Rühren zur Eigelbmischung gießen. Auf das Wasserbad stellen und die Eigelbmilch zur Rose abziehen (Seite 187). Vom Wasserbad nehmen und abkühlen lassen oder kalt schlagen (Seite 187). 50 g Blaubeeren beiseitelegen. Restliche Blaubeeren mit restlichem Zucker (20 g) und Zitronensaft pürieren. Durch ein Sieb streichen. Blaubeermus in die Eismasse rühren. In der Eismaschine zu einem cremigen Eis rühren.

Für das Zimtbrot Milch, Sahne, Vanille, Salz, Ei, Eigelb und 1 Prise Zimt auf einem flachen Teller miteinander vermengen. Toastbrot entrinden und diagonal durchschneiden. Butter in einer Pfanne erhitzen. Toastscheiben von beiden Seiten in der Sahne-Eier-Milch wenden und in der Pfanne von beiden Seiten goldbraun braten. Zucker und restlichen Zimt vermischen und die fertigen Brote damit bestreuen. Jeweils 2 Brothälften auf einen Teller legen, 2–3 Kugeln Eis und ein paar Blaubeeren daraufgeben.

Ricotta-Limetten-Eis auf Cupcakes

Zubereitung: ★★ // Menge: 12 Cupcakes / 700 g Eis
1 Muffinblech mit 12 Mulden

Cupcakes:
150 g weiche Butter
  + mehr für die Form
170 g Zucker
abgeriebene Schale von 1 Limette
¼ TL gemahlene Vanille
3 Eier
180 g Mehl
1 TL Backpulver

1 Prise Salz
40 ml Limettensaft
Limetteneis:
140 g Zucker
abgeriebene Schale von 4 Limetten
100 ml Limettensaft
250 g Ricotta
200 g Sahne
Smarties

Für die Cupcakes Backofen auf 180 °C Ober-/Unterhitze vorheizen. Muffinblech ausbuttern. Butter mit Zucker, Limettenschale und Vanille schaumig rühren. Eier einzeln einarbeiten. Mehl, Backpulver und Salz darübersieben und mit dem Limettensaft unterrühren. Den Teig in die Muffinformen verteilen. Auf mittlerer Schiene 30 Minuten backen. Herausnehmen und die Cupcakes abkühlen lassen.

Für das Eis Zucker, 100 ml Wasser und Limettenschale in einen Topf geben und aufkochen. Dabei umrühren, damit sich der Zucker auflöst. Vom Herd nehmen und Sirup vollständig abkühlen lassen, dann durch ein Sieb gießen. Limettensaft mit Ricotta glatt rühren und mit dem Sirup vermischen. Die Sahne halb steif schlagen und unter die Eismasse heben. In der Eismaschine zu einem cremigen Eis rühren. Das fertige Eis auf den Cupcakes verteilen, mit ein paar Smarties dekorieren und servieren.

Eisspezialitäten

für festliche Einladungen

Käse-Sahne-Eistorte mit frischen Beeren

ohne Eismaschine

Zubereitung: ★★★ // Menge: für 12–16 Stücke
1 Backblech, 1 Tortenring 18 cm Ø

Foto: vorherige Seite

Biskuit:
2 Eier
1 Prise Salz
50 g feiner Zucker
abgeriebene Schale von 1 Zitrone
30 g Mehl
30 g Speisestärke
Füllung und Belag:
350 g Magerquark

3 Eier
100 g Puderzucker
½ TL gemahlene Vanille
Saft und Schale von 1 Zitrone
1 Prise Salz
350 g Sahne
200 g gemischte Beeren und
    klein geschnittene Früchte

Für den Boden Backofen auf 180 °C Ober-/Unterhitze vorheizen. Backblech mit Backpapier auslegen und Tortenring daraufstellen. Eier trennen. Eiweiße mit Salz steif schlagen, dabei die Hälfte des Zuckers (25 g) einrieseln lassen. Eigelbe mit dem restlichen Zucker und der Zitronenschale schaumig rühren. Ein Drittel des Eischnees unterheben, dann das Mehl und die Speisestärke darübersieben und einrühren. Restlichen Eischnee vorsichtig unterheben. Teig in den Tortenring füllen. Auf mittlerer Schiene 15 Minuten backen. Herausnehmen und vollständig abkühlen lassen.

Für die Füllung Quark gut abtropfen lassen. Eier trennen, Eigelbe mit 60 g Puderzucker, Vanille, Zitronensaft und -schale schaumig schlagen. Quark unterrühren. Eiweiß mit Salz steif schlagen, dabei den restlichen Puderzucker (40 g) einrieseln lassen. Sahne steif schlagen. Sahne und Eischnee vorsichtig unter die Quarkmasse heben. Füllung auf dem Biskuitboden verteilen. Torte über Nacht in den Tiefkühler stellen. Zum Servieren den Tortenring entfernen. Auf einen Kuchenteller stellen, mit Fruchtstücken und frischen Beeren belegen.

Amaretto-Himbeer-Parfaitherzen

ohne Eismaschine

Zubereitung: ★★★ // Menge: 16 Stück / 700 g
Herzformen, 8 cm Ø / ersatzweise Dessertformen aus Silikon

3 Eier
50 ml Amaretto
120 g Zucker
200 g Mascarpone

1 Prise Salz
100 g Sahne
300 g Himbeeren
Minzeblätter, zum Dekorieren

Eier trennen. Eigelbe mit dem Amaretto und der Hälfte des Zuckers (60 g) schaumig schlagen. Mascarpone einrühren. Eiweiße mit dem Salz steif schlagen, dabei den restlichen Zucker (60 g) einrieseln lassen. Sahne steif schlagen. Eischnee und Sahne unter die Amarettocreme heben. Die Masse in die Formen füllen, die Himbeeren etwas zerkleinern und hineindrücken. Einige Himbeeren für die Dekoration aufheben. Über Nacht in den Tiefkühler stellen. Zum Servieren die Herzen aus der Form lösen. Auf Teller legen und mit den restlichen Himbeeren und der Minze dekorieren.

Das Zitroneneis bekommt durch die gezuckerte Kondensmilch eine wunderbar cremige Konsistenz – zum Dahinschmelzen.

Zitroneneis im Baisermantel

Zubereitung: ★★ // **Menge: 600 g**

1 Dose (390 g) gezuckerte
  Kondensmilch
100 g Sahne
4 Eigelb
1 TL abgeriebene Zitronenschale

120 ml Zitronensaft
6–8 runde Kekse, 6 cm Ø
3 Eiweiß
1 Prise Salz
150 g Zucker

Kondensmilch und Sahne in einen Topf geben und aufkochen. Dabei ständig rühren, da Kondensmilch leicht anbrennt. Vom Herd nehmen. Eigelbe in einer Metallschüssel verrühren. Sahnemilch in dünnem Strahl unter ständigem Rühren in die Eigelbmischung gießen und mit der Zitronenschale vermengen. Die Schüssel auf das Wasserbad stellen und die Eigelbmilch zur Rose abziehen (Seite 187). Vom Wasserbad nehmen, den Zitronensaft einrühren. Abkühlen lassen oder kalt schlagen (Seite 187). In der Eismaschine zu einem cremigen Eis rühren.

Kekse im Tiefkühler vorkühlen. Herausnehmen und jeweils 1 Kugel Eis auf 1 Keks setzen. Wieder tiefkühlen. Eiweiße mit Salz steif schlagen, dabei den Zucker einrieseln lassen. Die Kekse mit dem Eis einzeln aus dem Tiefkühler holen und auf Backpapier setzen. Mit dem Eischnee vollständig umhüllen und bis zum Anrichten wieder tiefkühlen.

Vor dem Anrichten den Backofen auf 220 °C Ober-/Unterhitze vorheizen und die Baiserkugeln in 2 Minuten goldbraun grillen. Auf Teller setzen und sofort servieren.

Pavlova mit Mango-Lassi-Eis und Kiwiwürfeln

Zubereitung: ★★ // **Menge: 700 g Eis**
1 Backblech

Pavlova:
4 Eiweiß
1 Prise Salz
250 g Zucker
1 TL Apfelessig
1 TL Speisestärke

Mango-Lassi-Eis:
150 g Sahne
1 Vanilleschote
abgeriebene Schale von 1 Zitrone

6 Gewürznelken
6 Kardamomsamen
250 g griechischer Naturjoghurt
(10% Fett)
250 g Mangomus
75 g Zucker
2 EL Zitronensaft
1 Prise Salz
3–4 Kiwi

Für die Pavlova den Backofen auf 120 °C Umluft vorheizen. Ein Backblech mit Backpapier auslegen. Eiweiße mit Salz steif schlagen, dabei den Zucker einrieseln lassen. Apfelessig und Speisestärke unterheben. Mit der Baisermasse auf dem Backpapier einen Kreis von etwa 26 cm Ø aufstreichen. Die Baisermasse sollte am Rand etwas höher sein als die Mitte. Auf mittlerer Schiene im Backofen 75 Minuten trocknen lassen. Backofen ausschalten und die Pavlova darin stehen lassen, bis der Backofen kalt ist.

Für das Mango-Lassi-Eis die Sahne mit Vanilleschote, Zitronenschale, Gewürznelken und Kardamomsamen in einen Topf geben und aufkochen. 3 Minuten köcheln lassen, dabei am besten nicht rühren, denn dann bildet sich an der Oberfläche eine Haut und die Gewürzaromen bleiben in der Sahne. Vom Herd nehmen und abkühlen lassen. Gewürze entfernen. Joghurt, Mangomus, Zucker, Zitronensaft und Salz mit der Gewürzsahne verrühren. In der Eismaschine zu einem cremigen Eis rühren.

Die Eiscreme auf der Pavlova verteilen und bis zum Anrichten tiefkühlen. Die Kiwi schälen und in kleine Würfel schneiden. Vor dem Servieren auf das Eis streuen.

Ahornsirupeis auf Pancakes

Zubereitung: ★★ // **Menge: 20 Pancakes / 680 g Eis**

Ahornsirupeis:
300 ml Milch
4 Eigelb
100 ml Ahornsirup + mehr zum
  Beträufeln
250 g Sahne
Pancakes:
250 g Milch

1 Ei
180 g Mehl
1 TL Backpulver
50 g Zucker
1 Prise Salz
30 g Butter, zerlassen
Öl zum Braten

Für das Eis Milch in einen Topf geben, aufkochen und vom Herd nehmen. Eigelbe mit Ahornsirup in einer Metallschüssel verrühren. Heiße Milch in dünnem Strahl unter ständigem Rühren in die Eigelbmischung gießen. Die Schüssel auf das Wasserbad stellen und Eigelbmilch zur Rose abziehen (Seite 187). Vom Wasserbad nehmen und die Sahne einrühren. Abkühlen lassen oder kalt schlagen (Seite 187). In der Eismaschine zu einem cremigen Eis rühren.

Milch und Ei verrühren. Mehl und Backpulver vermischen und mit den restlichen Zutaten außer dem Öl in die Eiermilch rühren. Öl mit einem Pinsel in der Pfanne verstreichen. (Nur ganz wenig Fett nehmen, sonst entstehen am Rand der Pancakes braune Ränder.) Mit einem Esslöffel kleine Häufchen Teig in die Pfanne geben. Sobald Bläschen an der Oberfläche zu sehen sind, wenden und von der anderen Seite braten. Zum Servieren Eiskugeln auf einen Teller geben, die Pancakes darauf und darum verteilen und mit etwas Ahornsirup beträufeln.

Schmeckt auch toll mit karamellisierten Nüssen.

Chili-Schokoladen-Eissoufflé

Zubereitung: ★★★ // **Menge:** 800 g
8 Souffléformen, 8 cm Ø

ohne Eismaschine

150 ml Milch
3 TL Chili (Piment d'Espelette)
3 Eier
150 g Zucker

200 g Schokolade
 (70% Kakao)
1 Prise Salz
300 g Sahne

Milch mit Chili in einen Topf geben, erwärmen und vom Herd nehmen. Eier trennen. Eigelbe und die Hälfte des Zuckers (75 g) in einer Metallschüssel verrühren. Heiße Chilimilch in dünnem Strahl unter stetigem Rühren in die Eigelbmischung geben. Die Schüssel auf das Wasserbad stellen und Eigelbmilch zur Rose abziehen (Seite 187). Vom Wasserbad nehmen. Schokolade in der warmen Masse schmelzen. Vollständig auskühlen lassen oder kalt schlagen (Seite 187). Eiweiße mit Salz steif schlagen, dabei den restlichen Zucker (75 g) einrieseln lassen. Sahne steif schlagen. Sahne und Eischnee unter die kalte Chilicreme heben.

Backpapier um die Souffléformen wickeln und mit einem Gummiband fixieren. Das Backpapier sollte etwa 2 cm über den Rand der Formen stehen. Die Masse einfüllen, sodass sie bis über den Rand der Form steht und durch das Backpapier gehalten wird. Es soll gefroren das Aussehen eines gebackenen Soufflés haben. Über Nacht in den Tiefkühler stellen, mindestens jedoch 6 Stunden.

Schokoladenparfait: Einfach den Chili weglassen.

Scharfe Sache

Schillerlocken mit Nusseis

Zubereitung: ★★ // **Menge:** 8 Schillerlocken / 450 g Eis
8 Schillerlockenformen

Schillerlocken:
1 Paket Blätterteig (275 g)
Butter für die Form
1 verquirltes Ei
Hagelzucker

Nusseis:
25 g Erdnusskerne
25 g Pekannusskerne
25 g Walnusskerne

25 g Mandelkerne
25 g Pistazienkerne
20 g Butter
¼ TL Salz
250 ml Milch
100 g Sahne
½ TL gemahlene Vanille
75 ml Ahornsirup
1 TL Speisestärke

Für die Schillerlocken den Backofen auf 200 °C Ober-/Unterhitze vorheizen. Den Blätterteig in 8 Streifen von etwa 4 cm Breite und 30 cm Länge schneiden. Schillerlockenformen einbuttern und die Streifen leicht überlappend um die Formen drehen. Auf ein mit Backpapier belegtes Blech legen, mit verquirltem Ei bepinseln und mit Hagelzucker bestreuen. Auf mittlerer Schiene in 10 Minuten goldbraun backen. Herausnehmen, abkühlen lassen und die Formen entfernen.

Für das Eis alle Nusskerne bis auf die Pistazienkerne in einer Pfanne goldgelb rösten. Pistazien, Butter und Salz dazugeben und in der heißen Pfanne schwenken. Zwei Drittel der Nusskerne mit 200 ml Milch pürieren und in einen Topf füllen. Den Rest der Nusskerne beiseitestellen. Sahne, Vanille und Ahornsirup zur Nusssahne geben und alles aufkochen. Restliche Milch mit Speisestärke glatt rühren und in den Topf geben. Noch einmal kurz aufkochen und vom Herd nehmen. Vollständig abkühlen lassen oder kalt schlagen (Seite 187).

Die Nussmasse in der Eismaschine zu einem cremigen Eis rühren. Die beiseitegestellten Nusskerne grob hacken. Kurz vor Ende der Gefrierzeit die gehackten Nüsse dazugeben. Fertiges Eis in einen Spritzbeutel füllen und in die Schillerlocken spritzen.

Geeiste Himbeer-Trüffel-Tarte

Zubereitung: ★★★ // Menge: 600 g Himbeersorbet / 500 g Trüffeleis
1 Springform, 22 cm Ø

Himbeersorbet:
500 g Himbeeren
120 g Zucker
1 EL Zitronensaft
1 EL Himbeergeist
Boden:
100 g Löffelbiskuits

Trüffeleis:
100 g weiße Schokolade
200 g Sahne
100 ml Milch
1 Ei
60 g Zucker
1 Prise Salz

Himbeeren, Zucker, 200 ml Wasser und Zitronensaft in einen Topf geben. Unter Rühren aufkochen und 3 Minuten kochen lassen, bis die Himbeeren zerfallen. Vom Herd nehmen, alles durch ein Sieb streichen und Himbeergeist unterrühren. Vollständig abkühlen lassen. In der Eismaschine zu einem Sorbet rühren.

Die Springform mit Frischhaltefolie auslegen. Löffelbiskuits grob zerbröseln und als Boden auf der Folie verteilen und festdrücken. Das Himbeersorbet daraufgeben. Die Form mindestens 2 Stunden in den Tiefkühler stellen.

Für das Trüffeleis Schokolade und Sahne in eine Metallschüssel geben und über dem Wasserbad schmelzen. Vom Wasserbad nehmen, die Milch einrühren und vollständig abkühlen lassen oder kalt schlagen (Seite 187). Ei mit Zucker und Salz mit den Rührbesen des Handrührgeräts 5 Minuten schaumig schlagen. Die abgekühlte Trüffelmasse einrühren. In der Eismaschine zu einem cremigen Eis rühren. Die Tarte aus dem Tiefkühler nehmen und das Trüffeleis auf dem Himbeersorbet verteilen. Bis zum Servieren noch einmal mindestens 2 Stunden in den Tiefkühler stellen.

Trüffelhimmel

Kleiner Eistraum

Balsamico-Eispralinen

Zubereitung: ★★★ // **Menge: etwa 30 Stück**
2–3 Eiswürfelbehälter / Pralinengabel

250 ml Milch
2 Eigelb
50 g Zucker
200 g Sahne

30 ml Balsamico-Essig
300 g Schokolade (60 % Kakao)
Zuckerröschen oder eine andere
    Dekoblume

Milch in einem Topf aufkochen und vom Herd nehmen. Eigelbe mit dem Zucker in einer Metallschüssel verrühren. Heiße Milch in dünnem Strahl unter ständigem Rühren in die Eigelbmischung gießen. Die Schüssel auf das Wasserbad stellen und die Eigelbmilch zur Rose abziehen (Seite 187). Vom Wasserbad nehmen und die Sahne einrühren. Abkühlen lassen oder kalt schlagen (Seite 187). Balsamico-Essig unterrühren. In der Eismaschine zu einem cremigen Eis rühren. Fertiges Eis in den Eiswürfelbehälter füllen und zum Aushärten mindestens 2 Stunden in den Tiefkühler stellen.

Die Schokolade zerbröckeln und über dem Wasserbad schmelzen. Die Eiswürfel einzeln aus dem Tiefkühler nehmen, damit sie nicht schmelzen, und mit einer Pralinengabel in die Schokolade tauchen. Kurz abtropfen lassen, sofort je 1 Zuckerdeko auf die Praline drücken. Auf Backpapier setzen, bis die Schokolade fest ist, und sofort wieder in den Tiefkühler legen.

Tipp: Der Balsamico-Essig sollte hochwertig sein, aber nicht zu alt. Sonst schmeckt das Eis zu intensiv. Am besten die Masse abschmecken, bevor das Eis in die Eismaschine kommt. Der Balsamico-Geschmack wird im fertigen Eis etwas milder.

Erdbeerbombe

Zubereitung: ★★★ // **Menge: 650 g Erdbeersorbet / 500 g Mascarponeeis**
1 Springform, 24 cm Ø / 1 Schüssel, 16 cm Ø

Biskuitboden:
Butter für die Form
40 g Mehl
40 g Speisestärke
3 Eier
1 Prise Salz
75 g Zucker
200 g Erdbeeren
100 g Erdbeerkonfitüre
Erdbeersorbet:
80 g Zucker

abgeriebene Schale
   von 1 Zitrone
400 g Erdbeeren
1 EL Puderzucker
2 EL Zitronensaft
Mascarponeeis:
1 Ei
70 g Zucker
250 g Mascarpone
200 g Sahne
¼ TL gemahlene Vanille

Backofen auf 180 °C Ober-/Unterhitze vorheizen. Springform ausbuttern. Für den Biskuitboden Mehl und Speisestärke in eine Schüssel sieben. Eier trennen. Eiweiße mit Salz steif schlagen, dabei etwa ein Drittel des Zuckers einrieseln lassen. Eigelb mit dem restlichen Zucker schaumig schlagen. Ein Drittel des Eischnees unterrühren, den Rest abwechselnd mit der Mehlmischung vorsichtig unterheben. Die Masse in die Springform geben. Auf mittlerer Schiene 25 Minuten backen. Herausnehmen und abkühlen lassen.

Eine Schüssel von 16 cm Ø mit Frischhaltefolie auslegen. Erdbeeren von den Kelchen befreien und in Scheiben schneiden. Erdbeerkonfitüre erwärmen und durch ein Sieb streichen. Die Folie mit der Hälfte der Erdbeerkonfitüre bepinseln. Erdbeerscheiben dicht an dicht auf die Schüsselinnenwand legen und mit Erdbeerkonfitüre bestreichen. Vom abgekühlten Biskuitboden ringsherum 1 cm Rand abschneiden. Biskuit waagerecht halbieren. Den einen Boden in die Schüssel auf die Erdbeeren legen. Den zweiten Boden so schneiden, dass damit der Rest der Schüsselinnenwand ausgelegt werden kann. Die Schüssel mindestens 30 Minuten in den Tiefkühler stellen.

Für das Erdbeersorbet 175 ml Wasser, Zucker und Zitronenschale in einen Topf geben und aufkochen. Dabei umrühren, damit sich der Zucker auflöst. Vom Herd nehmen, abkühlen lassen und durch ein Sieb abgießen. Erdbeeren mit Puderzucker und Zitronensaft pürieren, durch ein feines Sieb streichen und mit dem Sirup vermischen. In der Eismaschine zu einem Sorbet rühren. Sorbet auf dem Biskuit verteilen. Für mindestens 1 Stunde zum Aushärten in den Tiefkühler stellen.

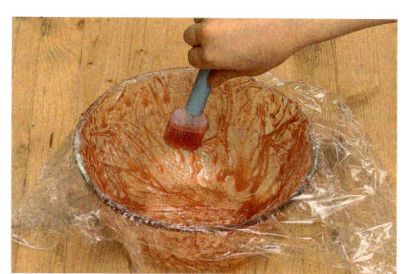

Für das Mascarponeeis Ei mit Zucker schaumig schlagen. Mascarpone glatt rühren und zur Eimischung geben. Sahne mit Vanille steif schlagen und unterheben. In der Eismaschine zu einem cremigen Eis rühren. Eis auf dem Erdbeersorbet verteilen und glatt streichen. Bis zum Anrichten mindestens 2 Stunden in den Tiefkühler stellen. Zum Servieren die Eisbombe mit der Frischhaltefolie aus der Schüssel nehmen und auf eine Tortenplatte setzen. Die Folie abziehen.

Ingwerparfait auf Puffreisboden

Zubereitung: ★★★ // **Menge:** 850 g
1 Auflaufform, 18 x 28 cm

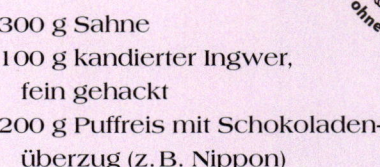

150 ml Milch
1 Vanilleschote
1 EL geriebene Ingwerwurzel (10 g)
3 Eier
150 g Zucker
1 Prise Salz

300 g Sahne
100 g kandierter Ingwer,
    fein gehackt
200 g Puffreis mit Schokoladen-
    überzug (z. B. Nippon)

Milch mit Vanilleschote und Ingwer in einen Topf geben und aufkochen. Vom Herd nehmen, Vanilleschote entfernen. Eier trennen. Eigelbe mit der Hälfte des Zuckers (75 g) in einer Metallschüssel verrühren. Vanillemilch in einem dünnen Strahl unter ständigem Rühren in die Eigelbmischung geben. Schüssel auf das Wasserbad stellen und Eigelbmischung zur Rose abziehen (Seite 187). Vom Wasserbad nehmen. Abkühlen lassen oder kalt schlagen (Seite 187).

Eiweiße mit Salz steif schlagen, dabei den restlichen Zucker (75 g) einrieseln lassen. Sahne steif schlagen. Sahne, Eischnee und kandierten Ingwer unter die erkaltete Eigelbmasse heben. Auflaufform mit Frischhaltefolie auslegen und die Masse einfüllen. Über Nacht in den Tiefkühler stellen.

Puffreis zerbröckeln und in einer Schüssel über dem Wasserbad schmelzen. Auf Backpapier ein Rechteck von 18 x 28 cm (Größe der Auflaufform) aufstreichen und fest werden lassen. Das Parfait mit der Frischhaltefolie aus der Form heben und auf ein Brett setzen. Die Folie entfernen und das Parfait in Stücke schneiden. Den Nipponboden in gleich große Stücke schneiden und jeweils 1 Parfaitstück auf 1 Bodenstück setzen. Sofort servieren oder bis zum Servieren in den Tiefkühler stellen.

Lebkuchenparfait

Zubereitung: ★★★ // **Menge: für 8 Personen / 600 g**
8 Puddingformen, 8–10 cm Ø

ohne Eismaschine

150 ml Milch
3 TL Lebkuchengewürz
3 Eier
150 g Zucker

1 Prise Salz
300 g Sahne
8 Schokolocken

Milch mit Lebkuchengewürz in einen Topf geben, aufkochen und vom Herd nehmen. Eier trennen. Eigelbe und die Hälfte des Zuckers (75 g) in einer Metallschüssel verrühren. Heiße Gewürzmilch in einem dünnen Strahl unter ständigem Rühren in die Eigelbmilch geben. Die Schüssel auf das Wasserbad stellen und die Eigelbmischung zur Rose abziehen (Seite 187). Abkühlen lassen oder kalt schlagen (Seite 187).

Eiweiße mit Salz steif schlagen, dabei den restlichen Zucker (75 g) einrieseln lassen. Sahne ebenfalls steif schlagen. Sahne und Eischnee unter die erkaltete Eigelbmasse heben. Alles in 8 Puddingformen füllen. Parfait über Nacht im Tiefkühler durchfrieren lassen. Zum Servieren auf Dessertteller stürzen. Dazu die Formen kurz in heißes Wasser halten. Mit je 1 Schokolocke dekorieren.

Kaffeeparfait: 3 TL Instant-Espressopulver statt Lebkuchengewürz verwenden.

Grünteeparfait: 3 TL Matchapulver statt Lebkuchengewürz verwenden.

Rosenblütensorbet im Hippenkörbchen

ohne Eismaschine

Zubereitung: ★★★ // **Menge: 8 Hippenkörbchen / 200 g Sorbet**
1 Backblech, Schälchen

Rosenblütensorbet:
75 ml Rosenblütensirup
50 ml Weißwein
1 EL Zitronensaft
2 Eiweiß
1 Prise Salz

Hippenkörbchen:
3 Eiweiß
1 Prise Salz
80 g Zucker
80 g Mehl
80 g Butter, zerlassen
getrocknete Rosenblüten

Rosenblütensirup, Weißwein und Zitronensaft in einen Topf geben und aufkochen. Sirup vom Herd nehmen. Eiweiße mit Salz steif schlagen und den heißen Sirup nach und nach zugeben. 5 Minuten bei hoher Geschwindigkeit schlagen, dann die Geschwindigkeit verringern und etwa 5 Minuten weiterschlagen, bis der Schaum Zimmertemperatur erreicht hat. Die Masse in eine Dose füllen und für mindestens 6 Stunden in den Tiefkühler stellen.

Für die Hippenkörbchen Eiweiße, Salz und Zucker auf-, aber nicht steif schlagen. Das Mehl einrühren und zum Schluss die zerlassene Butter in dünnem Strahl dazugießen und untermengen. Backofen auf 175 °C Ober-/ Unterhitze vorheizen. Backblech mit Backpapier auslegen. Mit dem Löffel 8 Teigkreise von 12 cm Ø auf das Backpapier streichen und mit getrockneten Rosenblüten bestreuen. Auf mittlerer Schiene 10 Minuten backen – sie sollten leicht gebräunt sein.

Herausnehmen und Teigkreise sofort um ein Schälchen drücken. Mit den Händen oder einem zweiten Schälchen etwas andrücken. Sobald das Körbchen fest ist, abnehmen und vollständig auskühlen lassen. Die Schälchen werden schnell fest, daher nicht zu viele auf einmal backen. Je 1 Kugel Eis in die Körbchen setzen und servieren.

Maracuja-Mango-Eisbombe

Zubereitung: ★★★ // **Menge:** 500 g Maracujasorbet / 1 kg Buttermilcheis
1 Schüssel mit rundem Boden, 1,5 l Inhalt

Maracujasorbet:
200 g Maracujafruchtfleisch
  (von 6–8 Maracujas)
abgeriebene Schale von 1 Zitrone
3 EL Zitronensaft
120 g Zucker

Mango-Buttermilch-Eis:
100 g Zucker

1 Vanilleschote
abgeriebene Schale von 1 Zitrone
2 EL Zitronensaft
300 g Buttermilch
200 g Sahne
300 g Mangofruchtfleisch,
  fein gewürfelt

Die Schüssel in den Tiefkühler stellen. Für das Maracu-
jasorbet die Früchte halbieren und auslöffeln.
Das Fruchtfleisch zusammen mit den
restlichen Zutaten und 300 ml
Wasser in einen Topf geben.
Aufkochen und 5 Minu-
ten kochen lassen.
Vom Herd

nehmen, durch ein Sieb streichen. Abkühlen lassen. In der Eismaschine zu einem Sorbet rühren.

Das Sorbet innen auf dem Rand der vorgekühlten Schüssel verteilen. Sollte es zu weich sein und abrutschen, die Schüssel mit dem Sorbet 10 Minuten in den Tiefkühler stellen und dann das Sorbet am Rand verteilen. Anschließend wieder mindestens 1 Stunde tiefkühlen.

Für das Buttermilcheis 100 ml Wasser, Zucker, Vanilleschote und Zitronenschale in einen Topf geben und aufkochen. Dabei umrühren, damit sich der Zucker auflöst. Vom Herd nehmen und vollständig abkühlen lassen. Zitronensaft, Buttermilch und Sahne verrühren und den Sirup dazugeben. In der Eismaschine zu einem cremigen Eis rühren. Kurz vor Schluss der Gefrierzeit die Mangowürfel dazugeben. Buttermilcheis in die Schüssel mit dem Sorbet füllen und glatt streichen. Eisbombe zum Aushärten mindestens 2 Stunden in den Tiefkühler stellen.

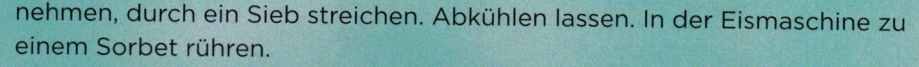

Rhabarbereis im Baiserschälchen

Zubereitung: ★★★ // Menge: für 10–12 Personen / 900 g Eis
1 Backblech

Rhabarbereis:
500 g Rhabarber
150 g Zucker
1 Vanilleschote
100 g Sahne
200 g Sauerrahm

Baiserschälchen:
3 Eiweiß
1 Prise Salz
180 g Zucker
1 TL Apfelessig
1 TL Speisestärke

Für das Rhabarbereis den Rhabarber mit 100 ml Wasser, Zucker und Vanilleschote in einen Topf geben und aufkochen. 5 Minuten köcheln lassen. Vom Herd nehmen und die Vanilleschote entfernen. Rhabarber pürieren und durch ein Sieb streichen. Abkühlen lassen. Sahne steif schlagen und mit dem Sauerrahm unter den Rhabarber heben. In der Eismaschine zu einem cremigen Eis rühren.

Für die Baisermasse Eiweiße mit Salz steif schlagen, dabei den Zucker einrieseln lassen. Essig und Speisestärke unterheben. Backofen auf 120 °C Umluft vorheizen. Ein Backblech mit Backpapier auslegen. Baisermasse in einen Spritzbeutel füllen. 10–12 Kreise von etwa 8 cm Ø aufspritzen, dann pro Kreis 1–2 Ringe am Rand entlangspritzen, sodass Schälchen entstehen. Auf mittlerer Schiene 75 Minuten trocknen lassen. Herausnehmen und auskühlen lassen. Zum Servieren mit dem Rhabarbereis füllen.

Tartufo

Zubereitung: ★★★ // **Menge: für 6 Stück**
6 Dessertformen in Kuppelform (8 cm Durchmesser, 4,5 cm Höhe)

60 g Sahne
30 g Schokolade
  (70% Kakao)
15 ml Kirschlikör

400 g Schokoladeneis
  (Seite 12)
350 g Vanilleeis (Seite 17)
Kakao

Die Dessertformen in den Tiefkühler stellen, um sie vorzukühlen. Sahne in einen Topf geben, aufkochen und über die Schokolade gießen, 1 Minute ruhen lassen. Rühren, bis die Schokolade geschmolzen ist. Kirschlikör unterrühren. Trüffelmasse abkühlen lassen.

Die Dessertformen und das Eis aus dem Tiefkühler nehmen. Schokoladeneis auf dem Rand der Formen verteilen, bis er etwa 1 cm dick davon bedeckt ist. Formen wieder mindestens 30 Minuten in den Tiefkühler stellen. Dann das Vanilleeis in die Mulde streichen und in der Mitte ein Loch von etwa 2 cm Ø lassen. Die Formen wieder mindestens 30 Minuten in den Tiefkühler stellen.

Die Trüffelmasse in das Loch füllen. Bis zum Servieren wieder in den Tiefkühler stellen, mindestens jedoch so lange, bis der Trüffelkern fest ist. Zum Anrichten die Formen kurz in heißes Wasser halten und die Tartufi auf Dessertteller setzen. Dick mit Kakao bestäuben.

Blitz-Tartufo: Statt selbst gemachtem Eis gekauftes verwenden.

Trüffelsauce: Den Trüffelkern kann man auch weglassen und als Sauce zu den Tartufi reichen. Sie passt auch zu anderen Eissorten und kann auch mit Grand Marnier oder Kahlúa gemacht werden.

Birnenparfaittörtchen

Zubereitung: ★★★ // **Menge: für 12 Stück / 750 g Parfait**
1 Backblech / 12 Dessertringe, 6 cm Ø

Mandelböden:
3 Eiweiß (90 g)
1 Prise Salz
150 g Zucker
120 g gemahlene Mandeln

Birnenparfait:
3–4 Birnen (500 g Fruchtfleisch)
2 EL Zucker

1 EL Zitronensaft
1 Vanilleschote
1 Zimtstange
150 ml Milch
3 Eigelb
70 g Zucker
200 g Sahne
Birnenschnitze

Für die Mandelböden den Backofen auf 180 °C Ober-/Unterhitze vorheizen. Ein Backblech mit Backpapier auslegen. Eiweiße mit Salz steif schlagen, dabei den Zucker einrieseln lassen. Mandeln vorsichtig unterheben. Masse in einem Rechteck auf das Backpapier streichen (etwa 30 x 36 cm). Auf mittlerer Schiene 15 Minuten backen. Boden herausnehmen und mit einem Dessertring sofort 24 Kreise ausstechen. Achtung: Die Masse wird beim Abkühlen schnell hart!

Für das Parfait die Birnen schälen, vierteln, dabei das Kerngehäuse entfernen, und klein schneiden. Birnenstücke, 200 ml Wasser, Zucker, Zitronensaft, Vanilleschote und Zimtstange in einen Topf geben und unter Rühren aufkochen. 5–10 Minuten köcheln, bis die Birnen weich sind. Vom Herd nehmen. Vanilleschote und Zimtstange entfernen. Alles pürieren und abkühlen lassen.

Milch aufkochen und vom Herd nehmen. Eigelbe mit Zucker in einer Metallschüssel verrühren. Heiße Milch in dünnem Strahl unter ständigem Rühren dazugießen. Die Schüssel auf das Wasserbad stellen und die Eigelbmischung zur Rose abziehen (Seite 187). Vom Wasserbad nehmen. Abkühlen lassen oder kalt schlagen (Seite 187).

Birnenmus unter die kalte Creme rühren. Sahne steif schlagen und unterheben. Je 1 Mandelboden in einen Dessertring legen, das Parfait daraufgeben und 1 weiterer Mandelboden als Deckel aufsetzen. Im Tiefkühler über Nacht fest werden lassen. Zum Servieren die Törtchen auf Dessertteller setzen, den Rand mit einem Messer lösen und die Dessertringe abziehen. Mit Birnenschnitzen dekorieren.

Rum Babas mit Orangenmarmeladeneis

Zubereitung: ★★★ // Menge: für 8 Personen /750 g Eis
8 Babaformen (Savarinformen), 8 cm Ø, ersatzweise 1 Muffinblech

Babas:
500 g Mehl
1 Würfel Hefe (42 g)
330 g Zucker
200 ml Milch, lauwarm
180 g Butter, zerlassen
3 Eigelbe
2 Eier
½ TL gemahlene Vanille

½ TL Salz
abgeriebene Schale von 1 Zitrone
150 ml Rum
Orangenmarmeladeneis:
200 g Schmand
2 EL Zucker
350 g bittere Orangenmarmelade
200 g Sahne

Für die Babas Mehl in eine Schüssel füllen und in die Mitte eine Mulde drücken. Hefe darin zerbröckeln und 1 EL Zucker darüberstreuen. Milch hineingießen und mit einer Gabel verrühren, bis sich die Hefe aufgelöst hat. Diesen Vorteig mit einem Handtuch abgedeckt an einem warmen Ort 15–20 Minuten gehen lassen.

Babaformen mit Butter auspinseln. Eigelbe, Eier, Vanille, Salz, Zitronenschale, 60 g Zucker und restliche Butter hinzufügen. Alles zu einem glatten Teig kneten. An einem warmen Ort abgedeckt 1 Stunde gehen lassen. Der Teig sollte sein Volumen verdoppeln. Den Teig auf die Formen verteilen. Nicht bis an den Rand füllen, er geht noch auf. Weitere 20 Minuten gehen lassen. Backofen auf 180 °C Ober-/Unterhitze vorheizen. Babas auf mittlerer Schiene 20 Minuten backen und herausnehmen.

500 ml Wasser mit dem restlichen Zucker (250 g) in einen Topf geben und langsam aufkochen. Dabei rühren, damit sich der Zucker auflöst. 1 Minute kochen lassen und den Topf vom Herd nehmen. Den Rum unterrühren. Warme Babas aus den Formen lösen und auf ein Kuchengitter setzen. Von allen Seiten mit dem Sirup begießen, bis er aufgebraucht ist. Je feuchter die Babas sind, desto besser schmecken sie.

Für das Eis Schmand mit Zucker und Orangenmarmelade verrühren. Sahne steif schlagen und unterheben. In der Eismaschine zu einem cremigen Eis rühren. Zum Servieren das Eis mit den Babas anrichten.

Gestreifte Schokoladenterrine

Zubereitung: ★★★ // **Menge:** für 10–12 Personen / 1400 g Eis
Kastenform, 25 cm lang

450 ml Milch
450 g Sahne
1 Prise Salz
6 Eigelb
100 g Zucker

100 g Schokolade (70% Kakao)
100 g Vollmilchschokolade
100 g weiße Schokolade
Öl für die Form

Milch, Sahne und Salz in einem Topf aufkochen und vom Herd nehmen. Eigelbe mit Zucker in einer Metallschüssel verrühren. Sahnemilch unter ständigem Rühren in dünnem Strahl in die Eigelbmischung gießen. Die Schüssel auf das Wasserbad stellen und die Eigelbsahne zur Rose abziehen (Seite 187).

Jede Schokoladensorte zerbröckeln und die Stückchen in je eine Schüssel geben. Die warme Masse auf die drei Schüsseln verteilen. Umrühren, bis die Schokolade geschmolzen ist. Abkühlen lassen oder kalt schlagen (Seite 187). Zuerst die Vollmilchmischung in die Eismaschine geben und zu einem cremigen Eis rühren. Eine Kastenform von 25 cm Länge mit Frischhaltefolie auslegen.

Vollmilcheis in der Kastenform glatt streichen, in den Tiefkühler stellen und durchfrieren lassen. Dann die weiße Schokoladenmasse in der Eismaschine zu einem cremigen Eis rühren und auf der Vollmilchschicht verteilen. Ebenfalls im Tiefkühler durchfrieren lassen. Mit der dunklen Schokoladenmischung wiederholen und das Eis im Tiefkühler vollständig fest werden lassen.

Zum Servieren die Eisterrine mit der Folie aus der Form heben und auf eine Kuchenplatte stellen. Die Folie abziehen, die Terrine in Scheiben schneiden und servieren.

Kokoseisriegel

Zubereitung: ★★★ // **Menge:** 14 Riegel /550 g Eis
1 Auflaufform, 14 x 21 cm

300 ml Kokosmilch	80 ml Kokoslikör
3 Eigelb	200 g Vollmilchschokolade
50 g Zucker	Kokosraspel
200 g weiße Schokolade	

Kokosmilch in einem Topf aufkochen und vom Herd nehmen. Eigelbe mit Zucker in einer Metallschüssel verrühren. Heiße Kokosmilch in stetigem Strahl unter Rühren in die Eigelbmischung gießen. Auf das Wasserbad stellen und die Eigelbmilch zur Rose abziehen (Seite 187).

Schokolade hacken und in der warmen Creme schmelzen. Vom Wasserbad nehmen und den Kokoslikör einrühren. Abkühlen lassen oder kalt schlagen (Seite 187). In der Eismaschine zu einem cremigen Eis rühren.

Auflaufform mit Frischhaltefolie auslegen. Kokoseis in der Form glatt streichen und in den Tiefkühler stellen. Wenn es ganz fest gefroren ist, in Riegel von etwa 7 x 3 cm schneiden. Riegel wieder in den Tiefkühler legen.

Vollmilchschokolade schmelzen. Die gefrorenen Riegel mit einer Pralinengabel in die Schokolade tauchen, gut abtropfen lassen und auf Backpapier legen. Sofort mit Kokosraspeln bestreuen und bis zum Servieren wieder tiefkühlen.

Ungewöhnliche Eisideen

Pumpernickeleis

Zubereitung: ★★ // **Menge: für 8 Personen / 750 g Eis**
8 Dessertformen, 8 cm Ø   **Foto: vorherige Seite**

160 g Pumpernickel + 2 Scheiben
  für die Dekoration
40 g Butter
50 g Zucker
¼ TL gemahlener Zimt
200 ml Milch

1 Vanilleschote
1 Prise Salz
4 Eigelb
60 g Zucker
300 g Sahne

Pumpernickel zerbröseln. Butter, Zucker und Zimt in einer beschichteten Pfanne schmelzen, die Brösel dazugeben und etwa 5 Minuten unter Rühren in der Pfanne karamellisieren. Herausnehmen und vollständig abkühlen lassen.

Milch, Vanilleschote und Salz in einen Topf geben, aufkochen und vom Herd nehmen. Vanilleschote entfernen. Eigelbe und Zucker in einer Metallschüssel verrühren. Heiße Vanillemilch in einem dünnen Strahl unter ständigem Rühren in die Eigelbmischung gießen. Die Schüssel auf das Wasserbad stellen und die Eigelbmischung zur Rose abziehen (Seite 187). Die Sahne einrühren. Abkühlen lassen oder kalt schlagen (Seite 187). In die Eismaschine zu einem cremigen Eis rühren. Kurz vor Ende der Gefrierzeit die Pumpernickelbrösel zugeben.

Eis in Dessertformen füllen und in den Tiefkühler stellen. Zum Servieren das Eis auf Teller stürzen. Mit einem Keksausstecher aus den 2 Pumpernickelscheiben Motive ausstechen und das Eis damit verzieren.

Ovomaltineeis

Zubereitung: ★★ // **Menge: 850 g**

100 g gehackte Mandeln
130 g Zucker
4 Eigelb
300 ml Milch

50 g Ovomaltine (ersatz-
weise Trinkschokolade)
250 g Sahne

Für den Mandelkrokant die gehackten Mandeln in einer Pfanne ohne Fett goldbraun rösten. Herausnehmen und 70 g Zucker in der Pfanne karamellisieren. Mandeln dazugeben. Verrühren, vom Herd nehmen und auf Backpapier glatt streichen. Sobald der Krokant abgekühlt ist, in einen Gefrierbeutel füllen und mit einem Nudelholz grob zerbröseln.

Für das Eis Milch und Ovomaltine in einen Topf geben, aufkochen und vom Herd nehmen. Eigelbe mit 60 g Zucker in einer Metallschüssel verrühren. Heiße Ovomaltinemilch unter ständigem Rühren in dünnem Strahl in die Eigelbmischung gießen. Die Schüssel auf das Wasserbad stellen und die Eigelbmischung zur Rose abziehen (Seite 187). Vom Wasserbad nehmen und die Sahne einrühren. Abkühlen lassen oder kalt schlagen (Seite 187). In der Eismaschine zu einem cremigen Eis rühren. Kurz vor Ende der Gefrierzeit die Krokantbrösel dazugeben.

Am besten sofort essen, solange die Krokantbrösel noch ganz knusprig sind.

Maroneneis

Zubereitung: ★★ // **Menge: 700 g**

300 ml Milch
3 Eigelb

30 g Zucker
300 g gesüßtes Maronenmus

Milch in einen Topf geben, aufkochen und vom Herd nehmen. Eigelbe mit Zucker in einer Metallschüssel verrühren. Milch in dünnem Strahl unter ständigem Rühren in die Eigelbmischung gießen. Die Schüssel auf das Wasserbad stellen und die Eigelbmilch zur Rose abziehen (Seite 187). Vom Wasserbad nehmen, das Maronenmus einrühren und vollständig abkühlen lassen oder kalt schlagen (Seite 187). In der Eismaschine zu einem cremigen Eis rühren.

Kürbiseis: Einen kleinen Kürbis schälen, halbieren und die Kerne entfernen. Bei 180 °C Ober-/Unterhitze auf mittlerer Schiene im Backofen backen, bis er weich ist. Herausnehmen, das Fruchtfleisch herauslöffeln und pürieren. 300 g davon abwiegen. 60 g Zucker, 1 TL gemahlener Zimt, ¼ TL gemahlene Gewürznelke, ¼ TL gemahlenen Ingwer und ¼ TL gemahlene Muskatnuss unterrühren. Das Eis wie oben beschrieben herstellen, nur das Kürbismus anstelle des Maronenmuses verwenden. Ergibt 700 g Eis.

Bratapfeleis: 350 g geschälte, geviertelte und entkernte Äpfel, 2 EL Zitronensaft, 30 g Butter, 80 g Zucker, 1 Vanilleschote, 1 Zimtstange, 2 Scheiben frische Ingwerwurzel, 2 Sternanis, 2 Gewürznelken, 2 Streifen Zitronenschale und 1 Prise Salz in eine Auflaufform geben und bei 180 °C Ober-/Unterhitze im Backofen auf mittlerer Schiene in 40 Minuten backen. Abkühlen lassen, die Gewürze entfernen und die Äpfel pürieren.
Das Eis wie oben beschrieben herstellen, nur das Apfelmus anstelle des Maronenmuses verwenden. Ergibt 700 g Eis.

Eis im Winter? Aber klar doch.
Die drei Sorten passen super zu Lebkuchen
und Weihnachtskeksen.

Baileys-Eis

Zubereitung: ★★   **Menge: 650 g**

1 Vanilleschote
300 ml Milch
4 Eigelb
60 g Zucker

2 TL Speisestärke
200 g Sahne
100 ml Baileys

Vanilleschote aufschlitzen und das Mark herauskratzen. Mit der Milch in einen Topf geben und aufkochen. Vom Herd nehmen und die Vanilleschote entfernen. Eigelbe mit Zucker und Speisestärke in einer Metallschüssel verrühren. Die heiße Vanillemilch in dünnem Strahl unter ständigem Rühren in die Eigelbmischung gießen. Die Schüssel auf das Wasserbad stellen und die Eigelbmischung zur Rose abziehen (Seite 187). Vom Wasserbad nehmen, die Sahne und den Baileys einrühren. Abkühlen lassen. In der Eismaschine zu einem cremigen Eis rühren.

Tipp: Da Eis mit Alkohol sehr weich ist, weil dieser nicht gefriert, wird etwas Speisestärke zugegeben, um eine bessere Konsistenz zu erhalten.

Chai-Latte-Eis

Zubereitung: ★★   **Menge: 650 g**

400 ml Milch
15 g loser Chai-Tee
4 Eigelb

80 g Honig
200 g Sahne

Milch und Chai in einen Topf geben und aufkochen. Vom Herd nehmen und durch ein Sieb abgießen. Eigelbe mit Honig in einer Metallschüssel verrühren. Die heiße Chai-Milch in dünnem Strahl unter ständigem Rühren in die Eigelbmischung gießen. Die Schüssel auf das Wasserbad stellen und die Eigelbmischung zur Rose abziehen (Seite 187). Vom Wasserbad nehmen und die Sahne einrühren. Abkühlen lassen oder kalt schlagen (Seite 187). In der Eismaschine zu einem cremigen Eis rühren.

Olivenöleis mit Schokobiscotti

Zubereitung: ★★★ // **Menge:** etwa 50 Kekse / 550 g Eis
2 Backbleche

Schokobiscotti:
100 g Walnusskerne
120 g Zucker
¼ TL gemahlene Vanille
25 g weiche Butter
2 Eier
250 g Mehl
1 gestrichenen TL Backpulver
1 Prise Salz

100 g Schokoladentropfen
Olivenöleis:
250 ml Milch
4 Eigelb
70 g Zucker
160 g Sahne
1 Prise Salz
90 ml Olivenöl

Für die Kekse den Backofen auf 175 °C Ober-/Unterhitze vorheizen. Walnusskerne halbieren und auf ein Backblech legen. Auf mittlerer Schiene 10 Minuten rösten. Herausnehmen und abkühlen lassen. Backofentemperatur halten. Ein weiteres Backblech mit Backpapier auslegen. Zucker, Vanille, Butter und Eier in einer Schüssel verrühren. Mehl mit Backpulver und Salz vermischen und unterrühren. Schokoladentropfen und geröstete Walnusskerne rasch unterheben.

Den Teig in drei Teile teilen und daraus drei Rollen von etwa 3 cm Ø formen. Rollen auf das Backpapier legen. Auf mittlerer Schiene 20 Minuten backen. Aus dem Ofen nehmen, Backofentemperatur auf 140 °C Ober-/Unterhitze verringern. Die Rollen schräg mit einem Sägemesser in 1 cm breite Streifen schneiden und weitere 20 Minuten backen. Herausnehmen und Kekse auf einem Kuchengitter abkühlen lassen.

Für das Eis Milch in einen Topf geben, aufkochen und vom Herd nehmen. Eigelbe mit Zucker in einer Metallschüssel verrühren. Heiße Milch in dünnem Strahl unter ständigem Rühren in die Eigelbmischung gießen. Die Schüssel auf das Wasserbad stellen und die Eigelbmischung zur Rose abziehen (Seite 187). Vom Wasserbad nehmen, Sahne, Salz und Olivenöl dazugeben. Abkühlen lassen oder kalt schlagen (Seite 187). In der Eismaschine zu einem cremigen Eis rühren. Mit den Keksen servieren.

Spekulatiuslollis

Zubereitung: ★ // **Menge: 12 Stück / 650 g Eis**

ohne Eismaschine

400 ml Milch	80 g Zucker
200 g Sahne	120 g Spekulatius
2 TL Spekulatiusgewürz	

Alle Zutaten bis auf die Spekulatius in einen Topf geben, aufkochen und 5 Minuten köcheln lassen. Vom Herd nehmen und vollständig abkühlen lassen. In Eisformen füllen und im Tiefkühler über Nacht fest werden lassen. Nach etwa 45 Minuten die Stiele ins Eis stecken.

Vor dem Servieren Spekulatius in einen Gefrierbeutel füllen und mit dem Nudelholz zerbröseln. Die Lollis aus den Formen lösen und in den Spekulatiusbröseln wälzen, sodass sie davon umhüllt sind.

Popcorneislollis

Zubereitung: ★ // **Menge: 6 Stück / 300 g Eis**

Popcorneis:
450 g Milch
50 g Zucker
100 g Popcornmais
50 g Karamellbonbons

Popcornmantel:
25 g Puderzucker
40 g Popcornmais
40 g Butter

Für das Popcorneis Milch und Zucker in einen Topf geben und aufkochen.
Vom Herd nehmen. Eine Pfanne auf dem Herd erwärmen und die Mais-
körner hineingeben. Deckel auflegen. Nach einiger Zeit pufft der Mais.
Sobald das Popcorn fertig ist, mit der heißen Milch übergießen. Vom Herd
nehmen und abkühlen lassen. Durch ein feines Sieb streichen und die
Masse im Sieb gut ausdrücken. In der Eismaschine zu einem cremigen Eis
rühren. Die Karamellbonbons in der
Küchenmaschine zermahlen,
kurz vor Schluss der Ge-
frierzeit zum Eis geben.

Für den Popcornman-
tel Popcorn wie oben
beschrieben herstellen.
Den fertigen Puffmais
mit Puderzucker bestäu-
ben und die Butter in
Flöckchen zugeben. Rühren,
bis der Puffmais gleichmäßig
karamellisiert ist. Die Pfanne
vom Herd nehmen und alles
abkühlen lassen.

Vom fertigen Eis Kugeln
abstechen und im Karamell-
popcorn wälzen. Einen
Lollistiel hineinstecken. Die
fertigen Lollis wieder in den
Tiefkühler legen, bis sie ganz
fest geworden sind.

Zitronengrassorbet

Zubereitung: ★★ // **Menge: 700 g**

6 Stängel Zitronengras
150 g Zucker

150 ml Zitronensaft

Zitronengras mit einem Messer andrücken oder etwas flach klopfen, denn nur so entfaltet es sein Aroma, und in 1 cm breite Streifen schneiden. Zitronengrasstücke, 100 g Zucker und 100 ml Wasser in einen Topf geben und aufkochen. 5–10 Minuten einkochen. Sirup vom Herd nehmen und abkühlen lassen. Durch ein Sieb in eine Schüssel abgießen, das Zitronengras gut ausdrücken und abtropfen lassen.

Zitronensaft, restlichen Zucker (50 g) und 300 ml Wasser in den abgekühlten Sirup einrühren. Dabei den Zucker nach und nach zugeben und immer probieren, wie süß das Sorbet wird. Bitte beachten: Nach dem Gefrieren schmeckt es etwas weniger süß. In der Eismaschine zu einem Sorbet rühren. Zum Servieren die Masse in einen Spritzbeutel mit glatter Lochtülle (11 mm Ø) füllen und in Gläser spritzen. Sollte die Masse etwas zu weich sein, den gefüllten Spritzbeutel kurz in die Tiefkühltruhe legen.

Pink-Grapefruit-Sorbet

Zubereitung: ★★ // **Menge: 750 g**

100 g Zucker
4 Sternanis

2 große rosa Grapefruits
50 ml Orangensaft

Zucker, 200 ml Wasser und Sternanis in einen Topf geben, langsam aufkochen. Dabei rühren, damit sich der Zucker auflöst. 5 Minuten köcheln, Sirup vom Herd nehmen und abkühlen lassen. Sternanis entfernen. Die Grapefruits filetieren. Eine Schüssel darunterstellen, damit kein Saft verloren geht. Etwa 450 g Grapefruitfilets mit dem aufgefangenen Saft und dem Orangensaft pürieren.

Den Sirup zur Grapefruitmasse geben. In der Eismaschine zu einem Sorbet rühren. Zum Servieren die Masse in einen Spritzbeutel mit glatter Lochtülle (11 mm Ø) füllen und in Gläser spritzen.

Gewürz- oder Kräutereis

Zubereitung: ★★ // **Menge: 700 g**

300 ml Milch
Kräuter oder Gewürze,
   siehe unten

4 Eigelb
80 g Zucker
300 g Sahne

Milch und Kräuter oder Gewürze in einen Topf geben und aufkochen. Vom Herd nehmen und 30 Minuten ziehen lassen. Dann erneut aufkochen und durch ein Sieb abgießen. Eigelbe und Zucker in einer Metallschüssel verrühren. Aromatisierte Milch in dünnem Strahl unter ständigem Rühren in die Eigelbmischung gießen. Die Schüssel auf das Wasserbad stellen und die Eigelbmilch zur Rose abziehen (Seite 187). Vom Wasserbad nehmen und die Sahne einrühren. Abkühlen lassen oder kalt schlagen (Seite 187). In der Eismaschine zu einem cremigen Eis rühren.

Koriandereis: 10 g Koriander in 300 ml Milch aufkochen, 30 Minuten ziehen lassen. Erneut aufkochen und durch ein Sieb abgießen. Dann weiter wie oben beschrieben.

Senfeis: 300 ml Milch, 40 g Senfmehl und 1 TL Kurkuma aufkochen, dann weiter wie oben beschrieben. In die Eigelbmilch mit der Sahne 2 EL Weißweinessig einrühren.

Lorbeereis: 16 Lorbeerblätter in 300 ml Milch aufkochen, 30 Minuten ziehen lassen. Dann weiter wie oben beschrieben.

Tonkabohneneis: 4 Tonkabohnen in einer Kaffeemühle fein mahlen und mit 300 ml Milch aufkochen, dann weiter wie oben beschrieben.

Lebkucheneis: 3 TL Lebkuchengewürz mit 300 ml Milch aufkochen, dann weiter wie oben beschrieben.

Ingwereis: 4 TL gemahlenen Ingwer mit 300 ml Milch aufkochen, dann weiter wie oben beschrieben.

Muskateis: 2 TL gemahlene Muskatnuss mit 300 ml Milch aufkochen, dann weiter wie oben beschrieben.

Curry-Eis: 3 TL Currypulver mit 300 ml Milch aufkochen, dann weiter wie oben beschrieben.

Chili-Eis: 3 TL gemahlenen Chili (Piment d'Espelette) mit 300 ml Milch aufkochen, dann weiter wie oben beschrieben. Achtung: scharf!

Roibuscheis: 4 TL Roibuschtee mit 300 ml Milch aufkochen, vom Herd nehmen, 3 Minuten ziehen lassen. Dann weiter wie oben beschrieben.

Knoblaucheis: 20 g gehackten Knoblauch mit 300 ml Milch aufkochen, vom Herd nehmen, 3 Minuten ziehen lassen und durch ein Sieb abgießen. Dann weiter wie oben beschrieben.

Matcha-Eis: 3 TL Matchapulver mit 300 ml Milch aufkochen, dann weiter wie oben beschrieben.

Trüffeleis: Eis nur mit heißer Milch zubereiten wie oben beschrieben, am Schluss mit der Sahne 2 TL Trüffelöl unterrühren.

Wasabi-Eis: 5 TL Wasabi-Pulver mit der Milch aufkochen, vom Herd nehmen und auskühlen lassen. Dann weiter wie oben beschrieben. Achtung: scharf!

Malzbiereis

Zubereitung: ★★ // **Menge: 700 g**

300 ml Milch	70 g Zucker
4 Eigelb	300 ml Malzbier

Milch in einen Topf geben, aufkochen und vom Herd nehmen. Eigelbe mit Zucker in einer Metallschüssel verrühren. Heiße Milch in dünnem Strahl unter ständigem Rühren in die Eigelbmischung gießen. Die Schüssel auf das Wasserbad stellen und die Eigelbmilch zur Rose abziehen (Seite 187). Vom Wasserbad nehmen, das Malzbier einrühren. Abkühlen lassen oder kalt schlagen (Seite 187). In der Eismaschine zu einem cremigen Eis rühren.

Lakritzeis

Zubereitung: ★ // **Menge: 700 g**

100 g Lakritzschne-
    cken
300 ml Milch

300 g Sahne
1 Ei
60 g Zucker

Lakritzschnecken in kleine Würfel schneiden und zusammen mit der Milch in einen
Topf geben. Unter Rühren langsam
aufkochen. Vom Herd nehmen und mit
dem Stabmixer pürieren, damit sich das
Lakritz vollständig auflöst. Sahne einrühren. Abkühlen lassen oder kalt schlagen
(Seite 187). Das Ei und den Zucker schaumig schlagen. Die Lakritzmischung
untermengen. In der Eismaschine zu
einem cremigen Eis rühren.

Lavendeleis auf Orangencarpaccio

Zubereitung: ★★ // **Menge: für 4–6 Personen / 600 g Eis**

300 ml Milch	80 g Zucker
4 EL getrockneter Lavendel	300 g Sahne
4 Eigelb	4–6 Orangen

Milch und 3 EL Lavendel in einen Topf geben. Aufkochen und 3 Minuten kochen lassen. Vom Herd nehmen und durch ein Sieb abgießen. Eigelbe mit Zucker in einer Metallschüssel verrühren. Lavendelmilch in dünnem Strahl unter ständigem Rühren in die Eigelbmischung gießen. Die Schüssel auf das Wasserbad stellen und die Eigelbmilch zur Rose abziehen (Seite 187). Vom Wasserbad nehmen und die Sahne einrühren. Abkühlen lassen oder kalt schlagen (Seite 187). In der Eismaschine zu einem cremigen Eis rühren.

Die Orangen bis aufs Fruchtfleisch abschälen und in dünne Scheiben schneiden. Die Scheiben auf Teller verteilen und 1–2 Kugeln Eis daraufsetzen. Mit dem restlichen Lavendel bestreuen und servieren.

Basilikumeis im Erdbeerbett

Zubereitung: ★★ // **Menge: 700 g**

1 Vanilleschote
300 ml Milch
abgeriebene Schale von 1 Zitrone
4 Eigelb
60 g Zucker

300 g Crème fraîche
25 g Basilikumblätter +
  mehr zum Anrichten
40 ml Zitronensaft
500 g Erdbeeren

Die Vanilleschote aufschlitzen. Mit Milch und Zitronenschale in einen Topf geben und aufkochen. Vom Herd nehmen und durch ein Sieb abgießen. Eigelbe mit Zucker in einer Metallschüssel verrühren. Vanillemilch in dünnem Strahl unter ständigem Rühren in die Eigelbmischung gießen. Die Schüssel auf das Wasserbad stellen und die Eigelbmilch zur Rose abziehen (Seite 187). Vom Wasserbad nehmen. Crème fraîche, Basilikumblätter und Zitronensaft pürieren. In die Eigelbcreme rühren und abkühlen lassen oder kalt schlagen (Seite 187). In der Eismaschine zu Eis rühren.

Erdbeeren von den Kelchen befreien und in Scheiben schneiden. Dekorativ in kleine Schälchen legen und je 1 Kugel Eis daraufsetzen. Mit Basilikumblättern dekorieren.

Grüner-Apfel-Sorbet

Zubereitung: ★ // Menge: 800 g

100 g Zucker
500 g grüne Äpfel
abgeriebene Schale von
  1 Zitrone

40 ml Zitronensaft
1 TL Vitamin-C-Pulver
1 Prise Salz
grüne Lebensmittelfarbe

200 ml Wasser mit dem Zucker in einen Topf geben und unter Rühren aufkochen. Sirup vom Herd nehmen und abkühlen lassen. Äpfel vierteln und das Kerngehäuse entfernen. Apfelviertel, Zitronenschale, Zitronensaft, Vitamin C und Salz in der Küchenmaschine oder mit dem Stabmixer pürieren. Den Sirup einrühren. Etwas grüne Lebensmittelfarbe dazugeben. In der Eismaschine zu einem Sorbet rühren.

Sauerrahmeis

Zubereitung: ★ // Menge: 650 g

100 g Zucker
1 Vanilleschote
abgeriebene Schale von
  1 Zitrone

2 EL Zitronensaft
300 g Sauerrahm
200 g Sahne

Zucker, Vanilleschote, Zitronenschale, -saft und 100 ml Wasser in einen Topf geben und langsam aufkochen. Dabei rühren, damit sich der Zucker auflöst. Sirup vom Herd nehmen und vollständig abkühlen lassen. Sauerrahm und Sahne in einer Schüssel glatt rühren und den Sirup dazugeben. Die Masse in der Eismaschine zu einem cremigen Eis rühren.

Karamelleis mit Cashewkernen

Zubereitung: ★★ // **Menge: 900 g**

400 g Sahne
1 Prise Salz
140 g Zucker
200 ml Milch

4 Eigelb
100 g gesalzene Cashewkerne,
  gehackt

Sahne und Salz in einen Topf geben, aufkochen und vom Herd nehmen. Den Zucker in einem zweiten Topf karamellisieren. Ist er hellbraun, die Sahne dazugeben. So lange rühren, bis sich alle Zuckerstückchen wieder aufgelöst haben. Vom Herd nehmen und die Milch einrühren. Eigelbe in einer Metallschüssel verrühren. Heiße Karamellmasse in dünnem Strahl unter Rühren zum Eigelb gießen. Die Schüssel auf das Wasserbad stellen und die Eigelbmischung zur Rose abziehen (Seite 187). Vom Wasserbad nehmen, abkühlen lassen oder kalt schlagen (Seite 187). In der Eismaschine zu einem cremigen Eis rühren. Kurz vor Ende der Gefrierzeit die gehackten Cashewkerne zugeben.

Russisch-Brot-Eis

Zubereitung: ★ // **Menge: 650 g**

200 g Russisch Brot
300 ml Milch
1 Ei

60 g Zucker
200 g Sahne

120 g Russisch Brot mit Milch in einen Topf geben und unter Rühren aufkochen, bis sich die Kekse auflösen. Vom Herd nehmen. Ei mit Zucker schaumig schlagen und die Russisch-Brot-Milch einrühren. Sahne steif schlagen und unterheben. Die Masse in der Eismaschine zu einem cremigen Eis rühren. Restliches Russisch Brot in einen Gefrierbeutel füllen und mit den Händen grob zerbröseln. Kurz vor Ende der Gefrierzeit die Keksbrösel dazugeben.

Dulce-de-leche-Eis mit Pinienkernen

Zubereitung: ★ // **Menge:** 800 g

1 Dose gezuckerte Kondensmilch
   (390 g)
100 g Pinienkerne
200 g Milch

200 g Sahne
¼ TL gemahlene Vanille
1 Prise Salz

Kondensmilch mit der Dose 3 Stunden in reichlich Wasser kochen. Zwischendurch Wasser nachgießen. Pinienkerne in einer Pfanne ohne Fett goldbraun rösten. Gut aufpassen, da sie schnell anbrennen. Abkühlen lassen und hacken. Kondensmilchdose öffnen und den warmen Karamell mit der Milch verrühren. Sahne, Vanille und Salz einrühren. Vollständig abkühlen lassen oder kalt schlagen (Seite 187). In der Eismaschine zu einem cremigen Eis rühren. Kurz vor Ende der Gefrierzeit die Pinienkerne dazugeben.

Pandan-Eis mit Kokoscrackern

Zubereitung: ★★ // **Menge: 600 g Eis**
1 Backblech

Kokoscracker:
2 Eiweiß
100 g Zucker
1 Prise Salz
50 g Butter, zerlassen
100 g Kokosflocken

Pandan-Eis:
12 Pandan-Blätter (50 g)
300 ml Milch
4 Eigelb
80 g Zucker
250 g Sahne

Für die Cracker den Backofen 180 °C Ober-/Unterhitze vorheizen. Backblech mit Backpapier auslegen. Eiweiße mit Zucker und Salz halb steif
schlagen. Butter in dünnem Strahl unterrühren, Kokosflocken unterheben.
Die Masse dünn auf dem Backpapier verstreichen. Auf mittlerer Schiene
12 Minuten backen. Herausnehmen, abkühlen lassen und die Kokosplatte
in Stücke brechen.

Für das Eis Pandan-Blätter mit einer Schere klein schneiden und mit der
Milch im Mixer pürieren. Die Milch durch ein Sieb gießen und die Pandan-
Blätter gut ausdrücken. Pandan-Milch in einen Topf geben, aufkochen und
vom Herd nehmen. Eigelbe mit Zucker in einer Metallschüssel verrühren.
Heiße Pandan-Milch in dünnem Strahl unter ständigem Rühren in die
Eigelbmischung gießen.

Die Schüssel auf das Wasserbad stellen und die Eigelbmischung zur Rose
abziehen (Seite 187). Vom Wasserbad nehmen und
die Sahne einrühren. Abkühlen lassen oder kalt
schlagen (Seite 187). In der Eismaschine zu
einem cremigen Eis rühren. Mit einem
Eiskugelausstecher Kugeln in ein
Schälchen geben, mit den Kokoscrackern verzieren und servieren.

Tipp: Sind die Cracker nicht
knusprig genug, die zerbroche-
nen Stücke noch einmal kurz
aufbacken.

Thai-Basilikum-Eis im Cornflakesmantel

Zubereitung: ★★ // **Menge:** 600 g

250 g Milch
3 Stängel Thai-Basilikum
4 Eigelb
60 g Zucker
250 g Sahne
100 g Cornflakes

Milch und Thai-Basilikum in einen Topf geben und aufkochen. Vom Herd nehmen und durch ein Sieb abgießen. Eigelbe mit Zucker in einer Metallschüssel verrühren. Die heiße Basilikummilch in dünnem Strahl unter ständigem Rühren in die Eigelbmischung gießen. Die Schüssel auf das Wasserbad stellen und die Eigelbmischung zur Rose abziehen (Seite 187). Vom Wasserbad nehmen und die Sahne einrühren. Abkühlen lassen oder kalt schlagen (Seite 187). In der Eismaschine zu einem cremigen Eis rühren.

Vor dem Anrichten Cornflakes auf einem Teller mit den Händen etwas zerbröseln. Mit dem Eisportionierer Kugeln ausstechen und in den Cornflakesbröseln wälzen. Sofort servieren oder bis zum Verzehr tiefkühlen.

Maiseis mit Kreuzkümmel

Zubereitung: ★ // **Menge: 600 g**

300 g Mais (1 Dose)
200 ml Milch
60 g Zucker
1 Vanilleschote

1 Prise Salz
3 TL gemahlener Kreuzkümmel
200 g Crème fraîche

Mais abtropfen lassen. Mais, Milch, Zucker, Vanilleschote und Salz in einen Topf geben und aufkochen. 5 Minuten köcheln lassen. Vom Herd nehmen, Vanilleschote entfernen, alles pürieren und durch ein feines Sieb streichen. Kreuzkümmel und Crème fraîche einrühren. Abkühlen lassen oder kalt schlagen (Seite 187). In der Eismaschine zu einem cremigen Eis rühren.

Möhreneis mit gerösteten Pekannusskernen

Zubereitung: ★★ // **Menge: 950 g**
1 Backblech

Geröstete Nusskerne:
½ Eiweiß
20 g Zucker
½ TL gemahlener Zimt
1 Prise Salz
100 g Pekannusskerne
Möhreneis:
200 g Sahne

1 Zimtstange
1 Vanilleschote
½ TL gemahlene Muskatnuss
½ TL gemahlener Ingwer
400 g Möhren
½ TL Salz
60 g Zucker
200 g Frischkäse

Für die Nusskerne den Backofen auf 175 °C Ober-/Unterhitze vorheizen. Ein Backblech mit Backpapier auslegen. Eiweiß, Zucker, Zimt, Salz und Pekannusskerne in einer Schüssel vermischen. Die Mischung auf das Backpapier geben und auf mittlerer Schiene 10 Minuten rösten, zwischendurch einmal durchrühren. Herausnehmen, abkühlen lassen und grob hacken.

Für das Möhreneis Sahne, Zimtstange, Vanilleschote, Muskatnuss und Ingwer in einen Topf geben und aufkochen. Vom Herd nehmen und abkühlen lassen, die Vanilleschote und die Zimtstange entfernen. Möhren schälen und grob zerkleinern. 1 l Wasser mit Salz und 1 TL Zucker in einen Topf geben und aufkochen. Möhrenstücke dazugeben und weich kochen. Vom Herd nehmen und abgießen. Möhren mit dem Frischkäse und dem restlichen Zucker (50 g) fein pürieren. Die Gewürzsahne unter die Möhrenmischung rühren. In der Eismaschine zu einem cremigen Eis rühren. Kurz vor Ende der Gefrierzeit die gehackten Pekannusskerne dazugeben.

Sangritaeis am Stiel

Zubereitung: ★ // **Menge:** je nach Form 8–15 Stück / 700 g Eis

ohne Eismaschine

kleine Kuchen- oder Eislolliformen
100 g Zucker
6 reife Tomaten
50 ml Zitronensaft

2 EL Tabasco
50 ml Tequila
½ TL Salz

200 ml Wasser und Zucker in einen Topf geben und aufkochen. Dabei rühren, damit der Zucker sich auflöst. Sirup vom Herd nehmen, abkühlen lassen. Wasser aufkochen, über die Tomaten gießen. Nach 3 Minuten die Haut von den Tomaten abziehen. Den harten Strunk entfernen. 500 g Tomatenfleisch mit Zitronensaft, Tabasco, Tequila, Salz und dem Sirup pürieren und durch ein Sieb streichen. In Eislolliformen oder kleine Kuchenformen gießen. Die Formen in den Tiefkühler stellen. Nach etwa 45 Minuten Stiele hineinstecken. Zum Servieren die Lollis aus den Formen lösen, dafür kurz in heißes Wasser tauchen.

Eisgetränke

Zitronen-Granizado

ohne Eismaschine

Zubereitung: ★ // **Menge: für 3 Personen**   Foto: vorherige Seite

200 ml Zitronensaft
80 g Zucker

25 Eiswürfel (300 g)
Minzeblättchen

Zitronensaft und Zucker verrühren, bis der Zucker sich vollständig aufgelöst hat. Eiswürfel in einen Mixer geben und den Zitronensaft dazugießen. Auf höchster Stufe mixen, bis ein Gemisch aus kleinen Eisstückchen und etwas Flüssigkeit entsteht. Auf Gläser verteilen und sofort servieren. Mit frischen Minzeblättchen garnieren.

Tipp: Dieser spanische Klassiker schmeckt auch mit Limetten. Je nach Geschmack macht sich 1 Schuss Likör, Rum oder Wodka gut.

Cranberryspritzer

ohne Eismaschine

Zubereitung: ★ // **Menge: für 6 Personen**   Foto: rechts
1 Auflaufform

600 ml kalter Cranberrysaft
150 ml klarer Apfelsaft

6 Zimtstangen
300–400 ml kaltes Ginger Ale

Cranberrysaft in eine Auflaufform füllen und 2 Stunden tiefkühlen, bis sich am Rand Eiskristalle bilden. Diese mit einer Gabel lockern. Schale wieder in den Tiefkühler stellen. Nach 30 Minuten noch einmal die Eiskristalle lockern, erneut in den Tiefkühler stellen. So lange wiederholen, bis der Saft durchgefroren ist.

Apfelsaft mit 2 Zimtstangen aufkochen. Den Topf vom Herd nehmen und die Zimtstangen ziehen lassen, bis der Saft kalt ist. Zimtstangen entfernen und für die Dekoration aufheben. Saft in den Kühlschrank stellen. Kurz vor dem Servieren Cranberrygranita und Apfelsaft in den Mixer geben und glatt rühren, dann in vorgekühlte Gläser füllen und mit Ginger Ale aufgießen. In jedes Glas 1 Zimtstange zum Umrühren stecken.

Avocado-Espresso-Shake

Zubereitung: ★ //
Menge: für 5 Personen

ohne Eismaschine

1 Avocado
2 Espressi (60 ml)
250 ml Milch
50 g Zucker
Crushed Ice (Seite 187)

Avocado schälen und den Kern entfernen.
200 g Fruchtfleisch zusammen mit dem
abgekühlten Espresso, Milch und Zucker
im Mixer pürieren. Jedes Glas zur Hälfte
mit Crushed Ice füllen und mit dem
Avocadomus auffüllen.

Mojito mit Mangoeis

Zubereitung: ★ //
Menge: für 6 Personen / 300 g Eis
6 Formen für Cocktail-Eisstangen

300 g Mangomus
20 g Zucker
2 EL Zitronensaft
6 Limetten
240 ml Rum
12 Stängel Minze
12 TL brauner Zucker
480 ml Sodawasser

Für das Mangoeis das Mangomus mit Zucker und Zitronensaft verrühren und in Eisstangen-Formen geben. Im Tiefkühler über Nacht fest werden lassen, mindestens aber 6 Stunden.

Für jeden Mojito 1 Limette achteln und mit 40 ml Rum, 2 Stängeln Minze und 2 TL Zucker in ein Glas geben. Mit einem Stößel etwas zerstoßen und dann mit 80 ml Sodawasser auffüllen. 1–2 Eiswürfel und 1 Mangoeisstange dazugeben. Sofort servieren.

ohne Eismaschine

Rhabarberschorle mit Wermut und Crushed Ice

ohne Eismaschine

Zubereitung: ★★ // **Menge: für 4 Personen / 350 ml Rhabarbersirup**

1 kg Rhabarber
2 EL Zitronensaft
1 Vanilleschote
100 g Zucker

320 ml Mineralwasser, eisgekühlt
120 ml weißer Wermut
  (z. B. Noilly Prat)
Crushed Ice (Seite 187)

Rhabarber putzen und in Stücke schneiden. Rhabarberstücke, Zitronensaft, 200 ml Wasser, Vanilleschote und 30 g Zucker in einen Topf geben, aufkochen und etwa 5 Minuten köcheln lassen, bis der Rhabarber weich ist. Sirup vom Herd nehmen, die Vanilleschote entfernen. Ein Tuch über einer Schüssel befestigen, den Sirup hineingießen und den Rhabarber über Nacht abtropfen lassen.

Am nächsten Tag den Sirup mit dem restlichen Zucker (70 g) in einen Topf geben und aufkochen. Vom Herd nehmen und den Rhabarbersirup abkühlen lassen. In jedes Glas 80 ml Rhabarbersirup, 80 ml kaltes Mineralwasser und 30 ml Wermut geben. Mit Crushed Ice auffüllen und sofort servieren.

Erdbeershake

Zubereitung: ★ // **Menge: für 6 Personen**

ohne Eismaschine

100 g blanchierte Mandeln
80 g Reis
1 Zimtstange
250 g gezuckerte Kondens-
    milch

200 ml Kondensmilch
1 Prise Salz
600 g Erdbeeren
Crushed Ice (Seite 187)

Mandeln in einer Pfanne ohne Fett goldbraun rösten. Die Hälfte
der Mandeln, Reis, Zimtstange und 320 ml heißes Wasser in
eine Schüssel geben und über Nacht ziehen lassen. Anschließend die Zimtstange entfernen, die gezuckerte Kondensmilch,
die Kondensmilch und das Salz dazugeben. Alles im Mixer fein
pürieren und durch ein feines Sieb streichen. Erdbeeren von
den Kelchen befreien und mit einer Gabel etwas zerdrücken.
In jedes Glas etwa 4 EL zerdrückte Erdbeeren füllen und mit
Crushed Ice auffüllen. Jeweils etwa 100 ml Reis-Milch-Mischung
darübergießen und sofort servieren.

Eistee mit Minzesorbet

Zubereitung: ★ // Menge: 500 g Sorbet

Foto: oben links

120 g Zucker
10 g Minzeblätter
1 EL Zitronensaft

2 Eiweiß
1 Prise Salz
2 l Jasmintee

100 g Zucker, 300 ml Wasser und die Hälfte der Minze in einen Topf geben, aufkochen und 2 Minuten köcheln lassen. Sirup vom Herd nehmen und abkühlen lassen. Durch ein Sieb abgießen. 100 ml Wasser, Zitronensaft und die restliche Minze im Mixer pürieren und unter den abgekühlten Sirup rühren. Eiweiße mit Salz steif schlagen, dabei 1 EL Zucker einrieseln lassen. Eischnee unter die Minzemasse heben. In der Eismaschine zu einem Sorbet rühren. Jasmintee nach Packungsanleitung zubereiten und vollständig abkühlen lassen. Im Kühlschrank vorkühlen. Zum Servieren jeweils 1 Kugel Sorbet in ein Glas geben und mit dem Tee auffüllen.

Minzeislöffel: Ein paar kleine Minzeblätter in eine Silikonform für Eislöffel geben. Mit Wasser auffüllen und im Tiefkühler gefrieren.

Kiwisorbet mit Kokoslikör

Zubereitung: ★ // Menge: 750 g Sorbet

Foto: oben rechts

100 g Zucker
abgeriebene Schale von 1 Zitrone

500 g Kiwifruchtfleisch
Kokoslikör

200 ml Wasser, Zucker und Zitronenschale in einen Topf geben und aufkochen. Dabei rühren, bis der Zucker sich auflöst. Sirup vom Herd nehmen und abkühlen lassen. Durch ein Sieb abgießen, um die Zitronenschale zu entfernen. Das Kiwifruchtfleisch pürieren und den Sirup unterrühren. In der Eismaschine zu einem Sorbet rühren. Zum Servieren jeweils 1 Kugel Sorbet in ein Glas geben und mit Kokoslikör aufgießen.

Bellini mit Pfirsichsorbet

Zubereitung: ★ // **Menge: 700 g Sorbet**   Foto: vorige Seite, unten links

100 g Zucker
abgeriebene Schale von 1 Zitrone
abgeriebene Schale von 1 Orange

4 große Pfirsiche
1 EL Zitronensaft
2 Flaschen Bellini

Zucker, 200 ml Wasser, Zitronen- und Orangenschale in einen Topf geben und aufkochen. Sirup vom Herd nehmen und abkühlen lassen. Durch ein Sieb abgießen, um die Schale zu entfernen. Pfirsiche in eine Schüssel geben und mit kochendem Wasser übergießen. 1–2 Minuten darin liegen lassen, dann mit einem scharfen Messer einritzen und die Haut abziehen. 500 g Fruchtfleisch von den Kernen schneiden und mit dem Zitronensaft pürieren. Mit dem Sirup verrühren. In der Eismaschine zu einem Sorbet rühren. Zum Servieren jeweils 1 Kugel Sorbet in ein Glas geben und mit 100 ml Bellini aufgießen.

Traubensorbet mit Champagner

ohne Eismaschine

Zubereitung: ★ // **Menge: 750 g Sorbet**   Foto: vorige Seite, unten rechts

100 g Zucker
650 g blaue Trauben

1 Flasche Champagner

200 ml Wasser und den Zucker in einen Topf geben und aufkochen. Dabei rühren, damit der Zucker sich auflöst. Sirup vom Herd nehmen und abkühlen lassen. Ein paar kleine Trauben beiseitelegen. Restliche Trauben pürieren und durch ein Sieb streichen. 450 g Traubenpüree mit dem Sirup vermischen. In der Eismaschine zu einem Sorbet rühren. Zum Servieren in jedes Glas 1 Kugel Eis und ein paar Trauben hineingeben und mit etwa 100 ml Champagner aufgießen. Sofort servieren.

Espresso-Granita mit Sahne

Zubereitung: ★ // **Menge: für 4 Personen**

150 g Zucker
400 ml heißer Espresso

300 g Sahne

120 g Zucker und Espresso verrühren, bis der Zucker sich aufgelöst hat. Espresso in eine flache Auflaufform füllen und etwa 1 Stunde tiefkühlen, bis er beginnt zu gefrieren. Die Eiskristalle am Rand mit einer Gabel lockern und alles etwas verrühren. Wieder in den Tiefkühler stellen und Vorgang alle 30 Minuten wiederholen, bis alles durchgefroren ist. Die Sahne mit dem restlichen Zucker (30 g) steif schlagen. Granita und Sahne abwechselnd in vier Gläser schichten, mit Granita abschließen.

Tipp: Der Espresso sollte sehr süß schmecken, denn das Tiefkühlen nimmt etwas Süße.

ohne Eismaschine

Affogato und Eiskaffee

Zubereitung: ★ // **Menge: 1 Tasse oder 1 Glas (etwa 200 ml)**

Affogato mit Espresso: 1 Kugel Vanilleeis in eine Tasse geben und mit einem heißen Espresso übergießen. Sofort servieren.

Affogato mit Kakao: 1 Kugel Vanilleeis in eine Tasse geben und mit heißem Kakao übergießen. Sofort servieren.

Affogato mit Chai-Latte: 1 Kugel Vanilleeis in eine Tasse geben und mit heißem Chai-Latte übergießen. Sofort servieren.

Klassischer Eiskaffee: 2 Kugeln Vanilleeis in ein Glas geben und mit kaltem Kaffee übergießen. Mit geschlagener Sahne servieren.

Tipp: Es muss nicht immer Vanilleeis sein. Im Kakao macht sich beispielsweise Zimteis (Seite 71) sehr gut und in Chai-Latte Pistazieneis (Seite 22).

Anhang

Eisarten und ihre Zubereitung

Cremeeis

Eis, das mit Milchprodukten hergestellt wird, bezeichnet man als Cremeeis. Klassisch sind die Zutaten Milch, Sahne, Eigelb und Zucker. Diesem Mix fügt man eine Geschmackszutat bei oder lässt Aromen in der heißen Milch ziehen. So entstehen die unterschiedlichsten Sorten. Die Eismasse wird zur Rose abgezogen (Seite 187), bevor sie in die Eismaschine kommt, damit sie eindickt.
Beispiele: Schokoladeneis (Seite 12), Vanilleeis (Seite 17), Pistazieneis (Seite 22)

Neben der klassischen Methode gibt es unendlich viele Abwandlungen und Variationsmöglichkeiten.
Allein die Palette der zur Verfügung stehenden Milchprodukte (Milch, Joghurt, Eis, Sauerrahm usw.) ist groß. Und die Auswahl bei den Aromen, die man einem Eis geben kann, ist noch umfangreicher.
Beispiele: Aprikosen-Joghurt-Eis (Seite 26), Himbeer-Quark-Eis (Seite 35), Sauerrahmeis (Seite 151)

Parfait

Ein Parfait wird auch als Halbgefrorenes bezeichnet. Es unterscheidet sich von Cremeeis dadurch, dass bei der Herstellung Luft in die Eismasse geschlagen wird. Ein Parfait wird daher nicht in der Eismaschine hergestellt. Es besteht meist aus aufgeschlagener Sahne, Eischnee oder schaumig geschlagenen Eiern. Da die eingeschlagenen Luftbläschen sich nach kurzer Zeit von den anderen Zutaten lösen und an die Oberfläche steigen, sollte ein Parfait sofort nach der Herstellung in den Tiefkühler gestellt werden.

Gewürze, Fruchtpüree oder Schokolade sorgen für das Aroma. Durch die eingeschlagene Luft ist ein Parfait cremig und weich, es schmilz schneller als anderes Eis. Da Parfait nur im Tiefkühler gefroren wird, kann es in den unterschiedlichsten Formen hergestellt werden. Man kann es in Dessertformen oder Backformen geben, aber auch in einem Backrahmen verstreichen und nach dem Gefrieren in Stücke schneiden.
Beispiele: Vanilleparfait (Seite 31), Beerenparfait (Seite 31), Lebkuchenparfait (Seite 113)

Fruchteis

Fruchteis kann sowohl ein Cremeeis als auch ein Sorbet (siehe unten) sein. Die Fruchtnote bekommt es durch die Beigabe von Fruchtpüree oder Fruchtsaft.
Beispiele für Frucht-Cremeeis: Erdbeereis

(Seite 15), Kirscheis (Seite 83), Bananeneis (Seite 84)
Beispiele für Fruchtsorbets: Orangensorbet (Seite 50), Himbeersorbet (Seite 104), Maracujasorbet (Seite 116)

Sorbet & Granita

Ein Sorbet besteht aus Wasser, Zucker und einem Fruchtsaft oder Fruchtpüree. Früher wurde das Sorbet deswegen auch als »Wassereis« bezeichnet. Sorbets werden häufig mit Fruchtpürees oder Fruchtsäften

gemacht. Man kann aber statt einer Frucht auch Nüsse oder Schokolade als Geschmacksgeber verwenden. Außerdem ist Alkohol eine beliebte Zutat. Auf jeden Fall findet sich nie ein Milchprodukt im Sorbet. Um eine luftige

Konsistenz zu erzielen, wird manchmal Eiweiß zugefügt. Ein Sorbet wird immer in der Eismaschine aufgeschlagen und dadurch cremig und weich.
Beispiele: Schokoladensorbet (Seite 42), Zitronensorbet (Seite 50), Johannisbeersorbet (Seite 46)

Für Granitas werden die gleichen Zutaten verwendet wie für Sorbets, die Zubereitung ist jedoch anders und daher die Konsistenz. Selten wird auch ein leichtes Milchprodukt zugefügt (z.B. Buttermilch). Bei Granita wird die Eismasse in eine Form gegeben und tiefgekühlt. Die sich bildenden Eiskristalle werden mehrmals abgekratzt und die Granita umgerührt. Dadurch ist eine Granita gleichzeitig weicher und gröber als ein Sorbet.
Beispiele: Latte-macchiato-Granita (Seite 44), Gurken-Granita (Seite 54), Papaya-Buttermilch-Granita (Seite 54)

Ein Granitarezept kann deshalb problemlos zur Herstellung eines Sorbets dienen und umgekehrt. Man muss nur die Zubereitungsweise ändern.

Manchmal begegnet man auch dem Ausdruck Sherbet, was viele mit Sorbet gleichsetzen. Sherbet enthält jedoch immer ein Milchprodukt.

Frozen Yogurt

Frozen Yogurt wird von Kalorienzählern sehr geliebt, da er klassisch aus Magermilchjoghurt und Eiweiß besteht. Den Joghurt lässt man dafür über Nacht in einem mit einem Küchen- oder Mulltuch ausgelegten Sieb abtropfen. Anschließend wird süßer Eischnee untergehoben, was dem Eis seine luftige, lockere Konsistenz gibt.

Frozen Yogurt kann wie jedes Eis mit Vanille, Zimt, Schokolade usw. aromatisiert werden. Er wird auch gern mit unterschiedlichen Saucen (z.B. Fruchtsaucen) und Toppings wie Krokant, Smarties oder Schokostückchen serviert.
Beispiel: Frozen Yogurt und Varianten, Seite 40

Eislolli

Eislollis oder Stieleis werden aus Cremeeis- oder Sorbetzutaten hergestellt. Die Masse wird jedoch nicht gerührt. Sie wird einfach in eine Form gegossen und tiefgekühlt. Die Lollis haben dadurch eine sehr feste Konsistenz.
Beispiele Cremeeis: Piña-Colada-Eis am Stiel (Seite 28), Spekulatiuslolli (Seite 140)
Beispiele Sorbet: Sangritaeis am Stiel (Seite 159)

Milchshake und Frappé

Ein klassischer Milchshake wird aus Cremeeis und Milch aufgeschlagen.
Beispiel: Für ein Glas 2 Kugeln Eis nach Geschmack zusammen mit 200 ml Milch aufmixen. Das Eis sollte ein Cremeeis sein und kein Sorbet, sonst wird der Shake zu wässerig.

Man kann nach Belieben frisches Obst hinzufügen. Beispielsweise für einen Bananenshake neben dem Bananeneis (Seite 84) noch eine frische Banane zusätzlich mit in den Mixer geben.

Frappés bestehen aus einem Sorbet und einem kalten Getränk. Diese werden miteinander aufgeschlagen und da die Flüssigkeit wärmer ist als das Sorbet, entsteht eine halbflüssige Masse.

Beispiel: 1 Kugel Sorbet nach Belieben mit 200 ml Flüssigkeit (z. B. Wasser, Saft, Milch) kurz aufmixen. Anschließend sofort servieren. Leckere Kombinationen sind Aprikosensorbet mit Milch, Maracujasorbet mit Mangosaft, Rosensorbet mit Prosecco, Zitronensorbet mit abgekühltem schwarzem Tee.

Frappés und Milchshakes sollten immer sofort serviert werden, da sie viel weicher sind als Eis und schnell schmelzen.

Klassische Eisbecher

Wer kennt sie nicht, die klassischen Eisbecher, die wir als Kinder so geliebt haben und die immer noch so lecker sind. Sie sind ebenfalls schnell selbst gemacht:

Spaghettieis: Fleischwolf oder Kartoffelpresse im Kühlschrank vorkühlen. 3 EL geschlagene Sahne auf einen tiefen Teller geben. 5–6 Kugeln Vanilleeis in den Fleischwolf oder die Kartoffelpresse geben und durchpressen. Erdbeersauce darübergießen und mit geraspelter weißer Schokolade oder Kokosflocken bestreuen.

Amarenabecher: 3–4 Kugeln Vanilleeis in eine Schale geben. 2 EL Amarenakirschen und 2 EL Kirschsauce daraufgeben. Mit geschlagener Sahne nach Geschmack krönen.

Bananensplit: 1 Banane schälen und längs durchschneiden. Die Hälften auf eine längliche Schale legen. Je 1 Kugel Vanille-, Erdbeer- und Schokoladeneis auf die Bananenhälften setzen. Je 2 EL Erdbeersirup und Schokoladensauce darübergeben. Mit geschlagener Sahne nach Geschmack und Mandelblättchen garnieren.

Wichtige Eiszutaten

Milchprodukte

Die unterschiedlichen Milchprodukte eröffnen einem bei der Eisproduktion fast unzählige Kombinationsmöglichkeiten. Zusammen mit den verschiedenen Möglichkeiten zum Aromatisieren ergibt sich eine fast unendliche Sortenvielfalt. Eis selbst zu machen, ist daher eine der spannendsten und kreativsten Aufgaben in der Küche.

Ich verwende für Eis immer nur frische Milchprodukte. Haltbare Sahne oder Milch hat einen starken Eigengeschmack, der das Eisaroma beeinträchtigt.

Ohne Frage ist *Sahne* die beliebteste Zutat und Grundlage von cremigem Eis, besonders wenn starke Aromen wie Kaffee, Schokolade oder Karamell dazukommen. Auch die fettreichere *Creme double* eignet sich sehr gut. *Creme fraîche* hat ebenfalls einen sehr hohen Fettgehalt und gibt durch ihre leicht säuerliche Note besonders Fruchteis einen guten Geschmack.

Milch ist bei Cremeeis fast immer mit von der Partie. Ich verwende am liebsten Vollmilch mit hohem Fettgehalt, die den Eisgeschmack am besten zur Geltung bringt. Wer jedoch auf Kalorien achten möchte, kann natürlich auch mit fettarmen Alternativen ans Werk gehen. Dabei ändert sich allerdings die Konsistenz etwas.

Mit *Joghurt* als Zutat verhält es sich nicht anders. Der fettreiche griechische Joghurt ist herrlich im Eis, aber auch sehr intensiv. Eine mildere Joghurtsorte ist manchmal vorzuziehen, da sie weniger den Geschmack der Aromen überdeckt. Durch fettärmere Produkte wird das Eis allerdings weniger cremig. *Quark* bietet sich ebenfalls als Alternative für Kalorienzähler an. Der Geschmack kann sehr interessant sein. *Ricotta* und *Frischkäse* sind fettreicher als Quark, *Mascarpone* ist sogar eine richtige Kalorienbombe, aber dafür auch besonders beliebt wegen seiner cremigen Eigenschaften.

Achtung: Fettarme Milchprodukte langsam und nicht zu sehr erhitzen, sie flocken schnell aus.

Alternativen zu Milchprodukten: *Soja-, Reis- oder Kokosmilch* schmecken ebenfalls sehr lecker und sind gut geeignet für Allergiker oder Veganer.

Eier

Ich verwende Eier der Größe L und nur Bio-Eier von glücklichen Hühnern. Und natürlich sollte man für die Eisherstellung immer ganz frische Eier verwenden.

Für die meisten Eisrezepte wird nur das Eigelb benötigt. Das Eiweiß kann 3 Tage im Kühlschrank aufbewahrt oder 3 Monate eingefroren werden. Für das Einfrieren ist es praktisch, es in Eiswürfelbehälter zu geben, um es anschließend portionsweise zu entnehmen. Aus Eiweißresten lassen sich aber auch schöne Eis-Beilagen wie Hippen, Baiser, Makronen oder Waffeln (Seite 189) herstellen. Eigelb dient bei der Eisherstellung hauptsächlich zum Binden, es bestimmt die Textur des Eises. Außerdem verzögert es dank seines Fettgehalts die Kristallbildung. In einem Parfait hat Eigelb außerdem die Aufgabe, es aufzulockern.

Eiweiß wird manchmal als Eischnee verwendet, um das Volumen der Masse durch die im Eischnee enthaltene Luft zu vergrößern. Das kann bei einem Sorbet der Fall sein, wird jedoch meistens ebenfalls für Parfaits verwendet.

Beim Erhitzen von Eiern stockt das Eiweiß bei etwa 62 °C und das Eigelb bei 68 °C. Um das zu verhindern, erwärmt man Cremes mit

Eiern langsam über dem Wasserbad vorsichtig, bis sie eindicken und stellt dann die Hitzezufuhr ein.
Die Konsistenz des Cremeeises ist also den Eiern zu verdanken. Struktur und der Halt bleiben auch beim Tiefkühlen weitgehend erhalten. Eiscremes ohne Ei sollten daher möglichst bald nach der Herstellung verzehrt werden, da ihre Konsistenz langen Tiefkühlzeiten nicht standhält.

Süßungsmittel

Gewöhnlicher *Haushaltszucker* ist das am meisten verwendete Süßungsmittel, möglichst sollte er fein sein.
Puderzucker eignet sich auch sehr gut, da dieser sich besser auflösen und dem Eis eine seidigere Struktur gibt. *Brauner Rohrzucker* und besonders *Muscovadozucker* geben einen karamelligen Geschmack und sind, ebenso wie *Melasse* und *Zuckerrübensirup,* auch als Farbgeber interessant.
Honig, Ahornsirup oder *Agavendicksaft* sind ebenso gut geeignet. Sie lösen sich besser auf als Zucker und tragen zur Geschmacksgebung bei. Ich verwende sie gerne in nussigem, kräftigem Eis.
Andere Sirupsorten wie beispielsweise *Holunderblüten-* oder *Rosenblütensirup* sind sehr praktisch, weil es sie fertig zu kaufen gibt und sie das Aroma gleich mitliefern. Natürlich kann man sie auch selbst herstellen. Auch eine Mischung aus den verschiedenen Süßungsarten kann interessant sein. Hier entscheidet der eigene Geschmack, was gefällt.
Durch das Gefrieren wird der Zuckergeschmack etwas abgemildert, dennoch sollte die Eismasse probiert werden, bevor sie in die Eismaschine kommt. Nachsüßen ist mit Puderzucker oder Sirup möglich, weil diese sich schnell auflösen.
Das Süßen der Eiscreme ist jedoch nicht die einzige Aufgabe des Zuckers. Er senkt auch den Gefrierpunkt von Flüssigkeiten und sorgt so dafür, dass das Eis nicht zu fest wird. Ebenso verhindert er die Bildung von zu großen Eiskristallen, weil er sich zwischen diese setzt und sie sich dadurch nicht zusammenschließen können. Zucker sorgt somit auch für eine angenehme Konsistenz.

Aromen

Als Geschmacksgeber werden vor allem Gewürze, Kräuter, Schokolade, Früchte, Nüsse, Kaffee, Alkoholika verwendet.
Bei *Gewürzen* ist Vanille wohl die beliebteste Zugabe, aber auch Zimt, Muskatnuss, Kardamom, Gewürznelke, Zitronengras, Ingwer oder Sternanis erzeugen ein tolles Aroma. *Kräuter* wie Minze und Basilikum sowie essbare Blumen, Orangenblüten- oder Rosenwasser können ebenfalls zum Aromatisieren verwendet werden.
Gewürze und Kräuter werden meist in Sirup aufgekocht und anschließend entfernt. Die Ziehzeit ist verantwortlich für die Intensität des Geschmackes. Sie haben keinen Einfluss auf die Konsistenz des Eises.

Bei *Schokolade* kann man alle Sorten verwenden: helle, dunkle, Nugat oder auch Sorten, die bereits mit einem Aroma oder einer Zutat versehen sind. Sie kann nicht nur geschmolzen mit den anderen Zutaten vermengt werden, sondern auch in kleinen Stücken zum Eis gegeben werden. Außerdem passt Schokolade zu vielen anderen Aromen oder auch Früchten, sodass die Kombinationsmöglichkeiten unendlich sind.
Früchte werden dem Eis meist püriert zugefügt. Einige lieben die glatte Eismasse, andere haben es gerne, wenn kleine Fruchtstücke enthalten sind. Diese können auch ohne Weiteres aus getrockneten oder kandierten Früchten bestehen. Alle verwende-

ten Früchte sollten reif sein, damit ihr Aroma voll ausgeprägt ist. Wer ganze Früchte oder große Fruchtstücke im Eis schätzt, sollte diese vorher in Alkohol einlegen. Durch den hohen Wassergehalt in Früchten, sind sie gefroren sehr hart. Da Alkohol nicht gefriert, bleiben die so behandelten Früchte weicher.

Nach Möglichkeit verwende ich keine Dosenfrüchte, da diese meist gesüßt sind und auch geschmacklich nicht an frisches Obst herankommen. Tiefgekühlte Früchte sind eindeutig die bessere Wahl. Man sollte nach Möglichkeit immer Früchte verwenden, die gerade Saison haben. Dann ist ihr Aroma am besten. Außerdem haben sie keine lange Reise hinter sich, sind daher frisch und außerdem günstig.

Nüsse, Krokant, Karamell, Keksstückchen oder andere Zutaten können nicht nur für den Geschmack zuständig sein, sondern einer Eiscreme auch einen knusprigen Kick verleihen. Nüsse geben den besten Geschmack, wenn sie geröstet sind und noch

heiß in die heiße Flüssigkeit zum Ziehen gegeben werden.

Zutaten, die zugegeben werden, um im Eis eine knusprige Note zu erzeugen, sollten bei der Herstellung erst kurz vor Schluss, wenn das Eis fast fertig ist, zugegeben werden, da sie dann nicht durchweichen. Außerdem würden sie in der noch flüssigen Eismasse absinken.

Alkoholika sollten als Zutat im Eis immer in Maßen eingesetzt werden. Zum einen sollte der Alkoholgeschmack nicht zu intensiv sein, zum anderen verändert der Alkohol die Konsistenz, da er nicht gefriert. Man kann Alkoholika vorher aufkochen, sodass der Alkoholgehalt weitestgehend verdampft und nur das Aroma übrig bleibt. Bei Eislollis, die meistens sehr hart sind, wenn sie aus dem Tiefkühler kommen, kann Alkohol als Zutat der Eismasse aber ganz praktisch sein, weil das Eis dann nicht erst antauen muss und weicher ist.

Stabilisatoren

Um einem Eis eine angenehme Konsistenz zu geben, verwendet man Eigelb oder ganze Eier. Es gibt jedoch andere Hilfsmittel. In Eisdielen werden dafür beispielsweise Xanthan, Gellan, Carragen, Gelatine oder Guarkernmehl verwendet. Ich verzichte auf diese Hilfsmittel, weil das Eis zu Hause meist

schnell aufgegessen wird. Daher muss die Struktur des Eises keine längeren Tiefkühlzeiten überstehen. Außerdem verbessern Stabilisatoren nicht unbedingt die Konsistenz. Manchmal machen sie das Eis leicht gummiartig. Ein wirklich gutes Eis kommt ohne Stabilisatoren aus.

Eis herstellen

Mit Eismaschine

Die Anschaffung einer Eismaschine ist nicht unbedingt notwendig, um Eis zu machen, sie sorgt aber für eine enorme Arbeitserleichterung. Außerdem wird Eis mit der Eismaschine einfach cremiger. Für die Herstellung von Granita, Parfait und Eislollis braucht man keine Eismaschine.

Es gibt im Handel zwei verschiedene Arten von Maschinen: mit oder ohne Kompressor. Maschinen, die keinen Kompressor haben, haben eine elektrische Rührfunktion und eine dickwandige Schüssel, die im Tiefkühler 24 Stunden vorgekühlt werden muss. Die gefrorene Schüssel gibt dann beim Rühren die Kälte an die Masse ab. Diese Maschinen reichen für die Eisherstellung in einem gewöhnlichen Haushalt vollkommen aus. Problematisch ist allerdings, dass die große Schüssel nicht in jeden Tiefkühler passt. Außerdem ist die Vorkühlzeit der Schüssel ein Hindernis für spontanen Eisgenuss. Aber man kann natürlich im Sommer die Schüssel einfach immer im Tiefkühler aufbewahren. Eismaschinen mit Kompressor besitzen ein eigenes Kühlaggregat. Das ist praktisch, weil sie sofort und auch mehrfach nacheinander eingesetzt werden können. Außerdem kann das Eis nach der Herstellung in der Maschine weiterkühlen. Sie sind in der Anschaffung allerdings erheblich teurer. Außerdem sind sie extrem schwer und groß.

Die Eismasse für die Eismaschine sollte immer gut vorgekühlt sein. Eine Maschine mit Kompressor sollte vorher eingeschaltet werden, damit die Schüssel kalt ist, wenn die Eismasse hineinkommt. Ich gebe die Masse immer in die laufende Maschine, damit sie nicht am Schüsselrand festfriert und das Rührwerk blockiert. Bei Maschinen, die einen Deckel besitzen, sollte dieser unbedingt aufgesetzt werden, damit keine Kälte verloren geht.

Ist das Eis fertig, gleich aus der Schüssel nehmen, denn wenn das Eis am kalten Rand festklebt, bekommt man es kaum noch heraus. Der Behälter oder die Schüssel, in die das Eis umgefüllt wird, sollte ebenfalls vorgekühlt sein.

Ohne Eismaschine

Wer keine Eismaschine besitzt, kann trotzdem Eis machen. Das kostet etwas mehr Zeit und Mühe. Dafür die Eismasse in den Tiefkühler stellen und warten, bis sie zu gefrieren beginnt. Das dauert je nach Temperatur im Tiefkühler 1–2 Stunden. Von diesem Zeitpunkt an das Eis alle 15 Minuten umrühren, damit es schön cremig wird und sich schwerere Zutaten nicht am Boden absetzen. Fertig ist das Eis, wenn die Masse gleichmäßig durchgefroren ist.

Schneebesen: Schneebesen braucht man in verschiedenen Größen. Ein kleiner ist für kleine Mengen hilfreich, wie beispielsweise das Verrühren von Eigelb und Zucker bei der Eisherstellung. Ein großer ist praktisch für das Steifschlagen von Sahne oder Eiweiß. Ein Schneebesen sollte nicht zu leicht sein und aus einem starken Edelstahldraht bestehen.

Teigspatel: Ein Teigspatel findet bei der Eisherstellung vielfach Verwendung. Massen können damit bis auf den letzten Rest aus der Schüssel gekratzt werden. Auch das fertige Eis kann man damit gut aus dem Behälter herausbekommen. Dafür ist es empfehlenswert, den Teigspatel vorzukühlen. Außerdem ist er hilfreich, wenn man Massen durch ein Sieb streichen möchte.

Ich verwende ihn auch, um eine Masse zur

Rose abzuziehen (Seite 187). Man kann mit ihm gut rühren, besonders am Schüsselrand, was bei der Zubereitung über dem Wasserbad wichtig ist. Auch die Rose, die sich bei Pusten auf dem Teigspatel bilden soll, kann man gut erkennen.

Thermometer: Mithilfe eines Thermometers kann getestet werden, ob Massen mit Ei genügend erwärmt worden sind, damit alle Bakterien absterben. Es ist allerdings nicht unbedingt notwendig, eines zu besitzen. Wenn eine Eimasse zur Rose abgezogen wird, war sie in der Regel warm genug. Außerdem sollte man für die Eisherstellung sicherheitshalber sowieso nur ganz frische Eier verwenden.

Sieb: Siebe werden häufig gebraucht, um beispielsweise Kräuter oder Gewürze zu entfernen. Dafür reichen meist kleine einfache Siebe aus. Möchte man allerdings einen Fruchtmix durch ein Sieb streichen, um Kerne zu entfernen, oder eine mit Nüssen aromatisierte Milch ausdrücken, empfiehlt es sich, ein großes, stabiles Sieb von guter Qualität anzuschaffen.

Wasserbadschüssel: Da man bei der Eisherstellung häufig die Masse zur Rose abziehen muss, sollte man eine gute Metallschüssel besitzen, die auf einen Kochtopf passt. Sie sollte groß genug sein, damit man darin rühren kann, ohne dass die Masse überschwappt.

Küchenmaschine: Eine Küchenmaschine hilft beim Zerkleinern vieler Zutaten wie Nüssen oder Eiswürfeln. Außerdem kann man damit Früchte pürieren, Milchshakes aufschlagen usw. Das lässt sich natürlich auch alles per Hand erledigen, dauert dann aber viel länger und ist oft mühsam. Wenn man bedenkt, dass eine Küchenmaschine viele einzelne Geräte vereint, lohnt sich die Investition in gutes Gerät. Das ist – allein schon aus Platzgründen – praktischer als die Anschaffung vieler einzelner Geräte.

Handrührgerät & Pürierstab: Wer keine Küchenmaschine besitzt, braucht zumindest diese beiden Küchenhelfer.

Auflaufform aus Metall für Granita: Um Granita herzustellen, benötigt man eine große flache Form. Am besten sind Formen aus Metall, weil die Masse darin schneller gefriert.

Eis anrichten

Eiskugelformer und -portionierer: Eiskugelformer bestehen meist aus Edelstahl. Damit lässt sich auch festeres Eis leicht herauslösen. Sie müssen schwer und stabil sein. Eiskugelportionierer haben eine Rückspannfeder, die dabei hilft, das Eis aus dem Portionierer zu lösen. Sie machen gleichmäßigere Kugeln als die Eiskugelformer. Um das Eis leichter herauszubekommen, taucht man die Geräte vorher in heißes Wasser.

Löffel: Auch mit einem Löffel lässt sich das Eis portionieren. Man formt mit ihm Nocken. Da das nicht so einfach ist, benutzen viele dafür zwei Löffel. Die Löffel sollten tief sein, damit eine schöne ovale Nocke entsteht. Zum Formen wird der Löffel in heißes Wasser getaucht, dann am entferntesten Teil des Behälters in das Eis gestochen und zu sich herangezogen. Löst sich die Nocke nicht vom Löffel, die Rückseite des Löffels mit der warmen Hand anwärmen.

Eisspatel: In Italien wird Eis häufig mit einem Eisspatel portioniert. In einem Becher bekommt man so mehr Eis unter, weil im Gegensatz zu Eiskugeln nicht so viel Zwischenraum bleibt. In einer Waffel kann das

sehr appetitlich aussehen. Zum Anrichten auf einem Teller oder in einem Schälchen sind Kugeln jedoch schöner.

Andere Formen: Eis kann mit kleinen Dessertformen, Dessertringen oder auch Backformen angerichtet werden. Praktisch sind Formen aus Silikon, weil sich das Eis einfach herauslösen lässt. Außerdem gibt es mittlerweile im Haushaltsgeschäft sehr hübsche Formen mit unterschiedlichen Motiven wie Blumen, kleine Gugelhupfe oder Herzen.

Metallformen taucht man zum Herauslösen in heißes Wasser, damit sich das Eis leicht herauslösen lässt.

Beim Einfüllen eines Eises oder einer Parfaitmasse kann es leicht passieren, dass sich Lufttaschen bilden. Diese Löcher sieht man dann oft erst nach dem Herauslösen. Also immer aufpassen, dass das Eis gut in die Form gedrückt wird.

Und wie immer bei Eis: Formen vor dem Einfüllen vorkühlen.

Eislolliformen: Für Eis am Stiel findet man im Haushaltsgeschäft verschiedenste Formen. Diese sind meist aus Plastik und werden in heißes Wasser getaucht, um das Eis herauszulösen.

Man kann aber auch andere Formen dafür verwenden: leere Joghurtbecher, kleine Gläser oder kleine Backformen. Um in der noch nicht gefrorenen Masse einen Stiel zu fixieren, die Form mit Alufolie abdecken und den Stiel durch die Folie stechen. Oder etwa 45 Minuten in den Tiefkühler stellen und dann die Stiele hineinstecken.

Spritzbeutel: Zum Anrichten einiger Eissorten oder Eisdesserts benötigt man einen Spritzbeutel. Ich verwende ihn, um z.B. Frozen Joghurt in einen Becher zu füllen oder um Eis in Gläsern anzurichten.

Wer keinen Spritzbeutel besitzt, kann die Ecke eines Gefrierbeutels in der gewünschten Größe abschneiden und ihn als Spritzbeutel verwenden. Das funktioniert ebenso und ist praktisch, da man keine unterschiedlichen Tüllen in verschiedenen Größen braucht.

Schüsseln und Teller: Das Geschirr zum Servieren der Eisdesserts sollte immer vorgekühlt werden, ansonsten schmilzt das Eis zu schnell. Kühlt man es aber im Tiefkühler, bildet sich ein unansehnliches, weißes Kondensat auf der Oberfläche, was nicht so hübsch aussieht. Ich empfehle daher das Vorkühlen im Kühlschrank.

Praxistipps für Eiskünstler

Eis richtig lagern

Ohne Frage schmeckt frisch hergestelltes Eis am besten. Nicht nur geschmacklich ist es unübertrefflich, auch die Konsistenz ist wunderbar cremig, wenn es gerade aus der Eismaschine kommt. Doch natürlich bleiben ab und zu Reste – und manchmal ist es ja auch schön, wenn man einen Eisvorrat besitzt. Eis lagert man im Idealfall bei −18 °C, und wenn diese Temperatur dazu auch noch konstant bleibt, ist das perfekt. Durch Öffnen und Schließen des Tiefkühlers ist das jedoch nicht immer der Fall. Man sollte also schnell sein, wenn man etwas herausnimmt oder hineinstellt. Außerdem sollte der Tiefkühler regelmäßig abgetaut werden.

Eis sollte zum Lagern luftdicht verpackt sein. Es nimmt leicht Geschmack von anderen Lebensmitteln an, die im Tiefkühler lagern. Außerdem bekommt es dann nicht bei jedem Öffnen und Schließen einen Temperaturschock, der bewirkt, dass sich ein weißes Kondensat an der Oberfläche bildet. Das ist nicht nur unansehnlich, sondern wirkt sich auch negativ auf den Geschmack aus. Die maximale Lagerdauer beträgt 3 Monate, hängt jedoch von der Eisart ab. Eis ohne Ei oder Eigelb verliert bei der Lagerung seine cremige Konsistenz. Auch bilden sich im Laufe der Zeit größere Eiskristalle, die dem Eis eine unangenehme Struktur geben.

Crushed Ice

Es gibt Icecrusher, in denen Eiswürfel mit scharfen Messern zerstoßen werden (elektrisch oder manuell). Gute Küchenmaschinen schaffen das auch. Wer so etwas jedoch nicht besitzt, kann die Eiswürfel auch in ein Küchentuch wickeln und dieses auf eine harte Unterlage schlagen, bis das Eis zerkleinert ist. Oder man zerschlägt es mit einem Hammer.

Zur Rose abziehen

Um die Eismasse anzudicken und um sicherzugehen, dass eventuelle Bakterien im Eigelb abgetötet werden, zieht man es zur Rose ab. Dafür füllt man die Masse in eine Wasserbadschüssel (Metallschüssel), stellt sie auf einen Topf mit heißem Wasser und erhitzt die Masse unter ständigem Rühren. Die Masse wird dadurch dickflüssig. Um zu erkennen, ob die Creme oder Sauce die richtige Konsistenz hat, taucht man einen Kochlöffel oder Teigspatel in die Creme, lässt sie etwas abtropfen und bläst dann darauf. Bilden sich dabei kreisförmige Wellen, die wie eine Rose aussehen, ist die Creme fertig. Man erhitzt die Creme über dem Wasserbad, um sicherzugehen, dass man die Creme nicht zu überhitzt und dadurch das Ei gerinnt. Ist das Ei trotzdem ein wenig geronnen, die Masse anschließend durch ein feines Sieb streichen, damit sie wieder glatt wird.

Kalt schlagen

Zum Kaltschlagen die Masse in eine größere Schüssel mit Eiswasser stellen und mit dem Schneebesen schlagen, bis sie Zimmertemperatur erreicht hat. Ohne kaltes Wasserbad geht es auch, dauert aber länger. Am einfachsten und schnellsten funktioniert das natürlich, wenn man eine Küchenmaschine die Arbeit erledigen lässt.

Vanilleschote auskratzen

Man schneidet die Schote mit einem spitzen Messer der Länge nach auf und kratzt das Mark mit einem Löffel heraus. Vanille ist sehr ergiebig. Oft genügt es, die Schote im Ganzen in der Speise ziehen zu lassen. Dann kann man sie anschließend heiß abspülen, abtrocknen und wiederverwenden. Sie gibt auch nach dem zehnten Gebrauch noch immer viel Aroma ab. Oder man legt die Schote in ein verschlossenes Glas mit Zucker: Der Zucker nimmt nach ein paar Tagen den Vanillegeschmack an – fertig ist der Vanillezucker.

Fruchtmark & Fruchtsaucen herstellen

Fruchtmark spielt bei der Eisherstellung eine große Rolle. Dafür werden Früchte kurz gekocht oder roh durch ein Sieb gestrichen. Eine wichtige Grundvoraussetzung ist die Verwendung von Früchten von bester Qualität der Früchte.
Die Zubereitung hängt ein wenig von der Fruchtsorte ab. Sehr weiche Früchte, wie z. B. Beeren, lassen sich direkt durch ein Sieb streichen. Härtere Sorten wie Mango oder Ananas sollte man vorher zerkleinern und pürieren. Das fertige Mark kann nach Belieben mit Zitronensaft abgeschmeckt und gesüßt werden. Auch mit Gewürzen und Likören kann man es verfeinern. Ein Fruchtmark wird als Geschmackszutat für Sorbet oder Granita verwendet, aber auch in Cremeeis findet es häufig Verwendung.
Beispiel: Für ein Himbeermark koche ich 200 g Himbeeren mit 50 g Zucker und 1 EL Zitronensaft auf und lasse es kurz kochen, bis die Früchte zerfallen. Anschließend muss es nur noch durch ein Sieb gestrichen werden. Aus Fruchtmark lassen sich aber auch tolle *Fruchtsaucen* herstellen. Möchte man eine dickflüssige, cremigere Sauce haben, kann man es mit Speisestärke binden. Dafür 1 TL Speisestärke mit 1 EL kaltem Wasser verrühren, in das erhitzte Fruchtmark rühren und ein paarmal aufwallen lassen, bis die Sauce eindickt.
Für Saucen müssen die Früchte nicht grundsätzlich durch ein Sieb gestrichen werden, kleine Stückchen können sehr reizvoll sein. Sie können nicht nur mit Gewürzen, Kräutern oder Alkohol verfeinert werden, sondern auch mit Sahne, Creme fraîche, Joghurt oder Sauerrahm.
Fruchtsaucen und Coulis können aber ebenso fertig im Fachhandel oder Feinkostladen gekauft werden. Wer ein bisschen Geld dafür ausgibt, bekommt eine sehr gute Qualität.

Andere Saucen: Auch andere Saucen schmecken zu Eiscreme sehr gut. Das Grundrezept für *Schokoladensauce* ist einfach: 300 g Sahne und 250 g Schokolade nach Wahl (Zartbitter, Vollmilch, weiße oder aromatisierte Schokolade) über dem Wasserbad schmelzen. Über Nacht in den Kühlschrank stellen und anschließend mit den Rührbesen des Handrührgeräts aufschlagen, bis die Creme eine dickflüssige Konsistenz hat. Nicht zu lange schlagen: Sie schmeckt besser, wenn sie nicht zu fest ist.

Für eine *Vanillesauce* 2 EL Milch mit 2 Eigelben, 40 g Zucker und 2 TL Speisestärke verrühren. 1 Vanilleschote aufschlitzen und das Mark herauskratzen. Beides mit 400 ml Milch und 100 g Sahne in einen Topf geben. Aufkochen und vom Herd nehmen. Vanilleschote entfernen. Vanillemilch unter ständigem Rühren zur Eigelbmischung gießen. Wieder in den Topf geben und noch einmal aufkochen. Dabei ständig rühren. Vom Herd nehmen. Fertig. Ein Rezept für *Karamellsauce* steht auf Seite 84.

Sirup kochen

Für ein Sorbet oder eine Granita kocht man zunächst einen Sirup. Dafür wird Zucker mit Wasser oder einem Saft langsam unter Rühren erhitzt, bis sich der Zucker auflöst. Die Flüssigkeit muss nicht unbedingt kochen, es reicht häufig, sie zu erwärmen. Oft werden Gewürze oder andere Zutaten zum Aromatisieren gleich miterwärmt, da sich viele Aromen in der Wärme und beim Aufkochen

besser entfalten. Ziel ist, dass möglichst viel Aroma auf den Sirup übergeht. Der Sirup muss vor dem Weiterverarbeiten vollständig abkühlen. Gewürze wie beispielsweise Zimtstangen, Zitronenschalen oder Sternanis werden entfernt. Ob vor oder nach dem Abkühlen, hängt vom Gewürz ab und von der Intensität des Aromas ab, das man erzielen möchte.

Eiswaffeln

Selbst gemachte Eiswaffeln sind kein Hexenwerk: 90 g weiche Butter schaumig schlagen, 100 g Zucker und ¼ TL Vanille dazugeben und weiterschlagen, dabei 2 Eier einzeln unterrühren. 200 g Mehl, 1 TL Backpulver und 1 kräftige Prise Salz in eine zweite Schüssel sieben, zusammen mit 150 ml Milch abwechselnd unterrühren. Teig portionsweise in einem Waffeleisen für Eiswaffeln ausbacken, herausnehmen und sofort über einem Kegel zur Tüte drehen.
Die Waffeln werden schnell fest, deswegen fix arbeiten. Für Waffelröllchen die Waffeln um einen Kochlöffel wickeln. Für Schälchen über eine Schale legen.

Register

A

Affogato
– mit Chai-Latte 174
– mit Espresso 174
– mit Kakao 174
Ahornsirupeis auf
  Pancakes 98
Amarenabecher 179
Amarettoeis 59
Amaretto-Himbeer-
  Parfaitherzen 93
Apfelchips 15
Apfelsorbet 151
Aprikosen-Joghurt-Eis
  mit Kardamom 26
Aprikosensorbet mit
  Rosmarin 53
Avocado-Espresso-
  Shake 164

B

Baileys-Eis 136
Baisermantel 95
Baiserschälchen 119
Balsamico-Eispralinen
  107
Balsamicoswirl 15
Bananeneis auf
  Brownies 84
Bananensplit 179
Basilikum 15, 45, 149
Basilikumeis im
  Erdbeerbett 149
Beerenparfait 31
Beerensuppe 80
Bellini mit Pfirsich-
  sorbet 172
Birnenparfaittörtchen
  122
Biskuitboden 108
Blaubeereis auf
  Zimtbrot 87
Blaubeeren 35, 46, 87
Blitz-Tartufo 121
Blue-Curaçao-Granita
  44
Bratapfeleis 134

Brioches 65
Brombeersorbet 53
Brownies 84
Buttermilcheis 54, 116

C / D

Chai-Latte-Eis 136
Chili-Eis 145
Chili-Schokoladen-
  Eissoufflé 100
Cornflakes 155
Cranberrys 50, 162
Cranberryspritzer 162
Crème-brûlée-Eis 66
Cremeeis 9, 177
Crêpeteig 48
Crushed Ice 187
Cupcakes 88
Curry-Eis 145
Daim 40
Dulce-de-leche-Eis mit
  Pinienkernen 153

E / F

Eierliköreis 33
Eis richtig lagern 187
Eisbecher 179
Eisbombe 108, 116
Eiskaffee 174
Eislolli 178
Eistee mit Minzesorbet
  170
Eiswaffeln 189
Erdbeerbombe 108
Erdbeereis 15
– mit Apfelchips 15
– mit Balsamico-
  swirl 15
– mit Basilikum 15
Erdbeeren 48, 72, 149
Erdbeershake 169
Erdbeersorbet 108
Erdnussbuttereis-
  Sandwich 61
Espressoeis 22
Espresso-Granita mit
  Sahne 173

Eton-Mess-Eisbecher
  72
Express-Vanilleeis 17
Florentiner 75
Frappée 178
Frischkäse-Johannis-
  beer-Eis im
  Windbeutel 62
Frozen Yogurt 8, 40,
  178
– mit Daim 40
– mit Fruchtge-
  schmack 40
– mit Oreos 40
– mit Schoko-
  geschmack 40
Frozen Yogurt mit
  Sahne 40
Fruchteis 177
Fruchtmark 188
Fruchtsaucen 188
Fruchtswirl 12

G / H

Gebackene Pfirsiche
  mit Amarettoeis 59
Geeiste Himbeer-
  Trüffel-Tarte 104
Gestreifte Schoko-
  ladenterrine 127
Granatapfelsorbet auf
  Tapiokaperlen 41
Granita 8, 177
Grüner-Apfel-Sorbet
  151
Grünteeparfait 113
Gurken-Granita 54
Haselnusssorbet 42
Himbeeren 35, 93,
  104
Himbeer-Quark-Eis 35
Himbeersorbet 104
Himbeer-Trüffel-Tarte,
  geeist 104
Hippenkörbchen 114
Holunderblütensirup
  25

Holunder-Erdbeer-Eis
  25
Honigeis in Beeren-
  suppe 80

I / J

Ingwereis 144
Ingwerparfait 110
– auf Puffreisboden
  110
Joghurteis 26
– mit Blaubeeren 35
Johannisbeeren 62
Johannisbeersorbet
  46

K

Kaffeeparfait 113
Kalt schlagen 187
Karamelläpfel 71
Karamelleis mit
  Cashewkernen 152
Karamellsauce 18, 84
Kardamom 26, 83
Kardamomwaffeln 83
Käse-Sahne-Eistorte
  mit frischen Beeren
  92
Kirsch-Bananen-
  Sorbet 52
Kirscheis auf Karda-
  momwaffeln 83
Kiwi 96, 170
Kiwisorbet mit
  Kokoslikör 170
Klassische Eisbecher
  179
Klassisches Vanilleeis
  17
Knoblaucheis 145
Kokoscracker 154
Kokoseisriegel 129
Koriandereis 144
Kreuzkümmel 156
Kulfi auf Engelshaar
  79
Kürbiseis 134

L

Lakritzeis 147
Latte-macchiato-
 Granita 44
Lavendeleis auf
 Orangencarpaccio
 148
Lebkucheneis 144
Lebkuchenparfait 113
Leche merengada 47
Limetteneis 88
Lorbeereis 144

M

Mahablanka-Eis 36
Maiseis mit Kreuz-
 kümmel 156
Malzbiereis 146
Mandarinensauce 76
Mandelboden 122
Mandeleis mit
 Florentinern 75
Mango-Buttermilch-
 Eis 116
Mangoeis 165
Mango-Lassi-Eis 96
Maracuja-Mango-
 Eisbombe 116
Maracujasorbet 116
Maroneneis 134
Marzipaneis mit
 Rotweinbirnen 58
Marzipanravioli 68
Mascarponeeis 108
Matcha-Eis 145
Melonensorbet mit
 Minze 47
Milchshake 178
Minze 47, 170
Minzesorbet 170
Möhreneis mit
 gerösteten Pekan-
 nusskernen 156
Mojito mit Mangoeis
 165
Muskateis 144

N/O

Nugateis 22
Nusseis 103
Ohne Eismaschine 28,
 31, 44 f., 54 f., 92 f.,
 100, 110, 113 f., 159,
 162, 164 f., 166, 169,
 172 f., 184
Olivenöleis mit
 Schokobiscotti 139
Orangen-Basilikum-
 Granita 45
Orangencarpaccio 148
Orangenmarmeladen-
 eis 124
Orangensorbet mit
 Cranberrys 50
Oreos 40
Ovomaltineeis 133

P

Pancakes 98
Pandan-Eis mit
 Kokoscrackern 154
Papaya-Buttermilch-
 Granita 54
Parfait 177
Pavlova mit Mango-
 Lassi-Eis und
 Kiwiwürfeln 96
Pfefferbeeren 12
Pfirsiche, gebacken 59
Pfirsichsorbet 172
Piña-Colada-Eis am
 Stiel 28
Pink-Grapefruit-Sorbet
 142
Pistazieneis 22
Popcorneislollis 141
Portionsgrößen Eis 9
Pumpernickeleis 132

R

Rhabarbereis im
 Baiserschälchen 119
Rhabarber-Erdbeer-
 Sorbet 48
Rhabarberschorle mit
 Wermut und
 Crushed Ice 166
Ricotta-Limetten-Eis
 auf Cupcakes 88
Roibuscheis 145

Rosenblütensorbet im
 Hippenkörbchen 114
Rosmarin 53
Rotwein 55
Rotweinbirnen 58
Rum Babas mit
 Orangenmarmela-
 deneis 124
Rum-Rosinen-Eis im
 Schälchen 20
Russisch-Brot-Eis 152

S

Safraneis im Brioche
 65
Sahneeis mit Kara-
 mellswirl 18
Sangritaeis am Stiel
 159
Sauerrahmeis 151
Schillerlocken mit
 Nusseis 103
Schokobiscotti 139
Schokokusseis mit
 Mandarinensauce 76
Schokoladeneis 12
– mit Stoopwaffeltja 12
Schokoladenparfait
 100
Schokoladensauce 189
Schokoladensorbet 42
Schokoladenterrine,
 gestreifte 127
Schwarze-Johannis-
 beer-Granita mit
 Rotwein 55
Schwierigkeitsgrad
 Rezepte 9
Senfeis 144
Sesameis mit Krokant
 32
Sirup 189
Sorbet 8, 177
Spaghettieis 179
Spekulatiuslollis 140
Strudelteigschälchen
 20

T

Tapiokaperlen 41

Tartufo 121
Teignetz 48
Thai-Basilikum-Eis im
 Cornflakesmantel
 155
Tonkabohneneis 144
Traubensorbet mit
 Champagner 172
Trüffeleis 104, 145
Trüffelsauce 121

V/W

Vanilleeis, Express- 17
Vanilleeis, klassisch 17
Vanilleparfait 31
Vanillesauce 189
Vanilleschote
 auskratzen 188
Vollmilchschokoladen-
 eis mit Pfefferbeeren
 12
Waldblaubeersorbet
 mit weißer Schoko-
 lade 46
Warme Marzipanravio-
 li mit Zwetschgeneis
 68
Wasabi-Eis 145
Weißes Schokoladen-
 eis mit Fruchtswirl
 12
Weißes Schokoladen-
 eis mit Maltesers 12
Windbeutel 62

Z

Zimtbrot 87
Zimteis mit Karamell-
 äpfeln 71
Zitroneneis im
 Baisermantel 95
Zitronen-Granizado
 162
Zitronengrassorbet
 142
Zitronensorbet mit
 Mohn 50
Zur Rose abziehen 187
Zutaten, Infobox 9
Zwetschgeneis 68

Die Autorin
Annik Wecker, die Frau des Musikers Konstantin Wecker, liebte schon immer alles, was süß ist. Ihr erstes Buch *Anniks göttliche Kuchen* wurde zum Bestseller und 2010 mit dem Gourmand World Cookbook Award als bestes erstes Kochbuch/Deutschland ausgezeichnet. Es folgten *Raffinierte Tartes* in Zusammenarbeit mit Alfons Schuhbeck, *Geschenke aus meiner Küche* und *Anniks göttliche Desserts*.

DORLING KINDERSLEY
London, New York, Melbourne, München und Delhi

Bibliografische Information Der Deutschen Bibliothek
Die Deutsche Bibliothek verzeichnet diese Publikation in der Deutschen Nationalbibliografie; detaillierte bibliografische Daten sind im Internet über http://dnb.ddb.de abrufbar.

© Dorling Kindersley Verlag GmbH, München, 2012

Programmleitung: Monika Schlitzer
Herstellungsleitung: Dorothee Whittaker
Text und Fotografie: Annik Wecker
Redaktion und Lektorat: Claudia Krader, München
Gestaltung, Typografie und Realisierung: Catherine Avak, München
Repro: Repro Ludwig Prepass & Multimedia GmbH, Zell am See
Druck und Bindung: Firmengruppe Appl, aprinta Druck, Wemding

ISBN 978-3-8310-2117-8

Besuchen Sie uns im Internet
www.dorlingkindersley.de